MONOGATARI NIHONSHI

物語日本史

自源平合戰至室町幕府終結

中

平泉澄

黃霄龍・譯

目次

中冊

自源平合戰至室町幕府終結

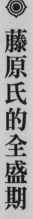

藤原氏的全盛期

一族之榮華

無須多言，延喜、天曆兩代是皇室極盛之時，而以此時為中心的前後三百年也是藤原氏的全盛時代。請看太政大臣這個職位，藤原良房、其子基經、其子忠平、其子實賴、其外甥伊尹、其弟兼通、其堂兄賴忠、其堂弟兼家、其弟為光、其外甥道長、其外甥之子賴通，只有這一家族能獨佔此位，絕不讓給其他家族。如果其他家族中有了能與其比肩的人才，藤原氏必會將其剷除，菅原道真便是一個例子。並且，不單是太政大臣一職，藤原氏還位至攝政、關白，其勢力可謂如日中天。

藤原氏一族中勢力最盛的是道長。《大鏡》中說到，道長的三個女兒都成了皇后，道長本人是天皇的外祖父，而且道長的兒子中，一位是關白左大臣，一位是內大臣，有兩位位至大納言，還有一位是中納言，藤原氏可謂空前之繁榮。書中還感歎道：「儘管舉例吧，有誰能比得上這位（道長）？」道長建的法成寺，壯麗無比，不僅超過其祖先鎌足、不比等、基經、忠平等人建的寺院，甚至還超過聖武天皇的東大寺，奈良的任何一間寺院都無法與其相提並論。《大鏡》稱讚法成寺為：「極樂淨土，仿佛就在這裡呈現。」大概世間都這麼看吧。而道長本人對自己的權勢也十分滿意，作和歌一首：

此の世をば　我が世とぞ思ふ　望月の
欠けたる事も　無しと思へば
（世間皆我物，望月從未缺。）

有一天，道長在大井川上划船遊玩。他準備了三艘船，各為漢詩船、管弦船、和歌船。每個人根據自己的才能選一艘來乘坐。道長的宗堂兄弟[1]，時任大納言的公任，當天遲到了，來到岸邊時船都已經離岸。道長問他：「你要我派哪艘去接你？」公任答道：「那就請派和歌的來吧。」那一天公任作的歌為：

小倉山　あらしの風の　寒ければ
もみぢの錦　着ぬ人ぞ無き
（小倉山，刮起狂風；冷，紅葉似錦，卻無人穿。）

這首歌後來膾炙人口，公任本人日後卻說：「當時要是選漢詩之船就好了，真遺憾。但攝政大人親自詢問我想要坐哪艘船，僅是如此已讓我無比喜悅。」也就是說，公任兼皆通音樂、和歌、漢詩，而且這樣的才能被世人所公認，他本人對此也是自信滿滿。

在世人看來，藤原氏一族實在是專橫霸道，肆意妄為，獨攬大權，一手遮

1　宗堂兄弟是指同曾祖但不同祖父的同輩男性，即道長的祖父師輔與公任的祖父實賴為親兄弟，同為忠平之子。——譯者注

天。他們排擠菅原道真，那樣殘忍地處置他，確實是活該被世人批判。但是，也正是這藤原氏，代代都出現了傑出人物。一家一門中人才濟濟，不得不讓人感慨。他們家的日記，從道長時代以來，雖說不是全部留存下來，但重要的部分都連續流傳下來了：

忠平的日記（延喜至天曆）

師輔的日記（右大臣，天曆至天德）

道長的日記（稱作《御堂關白記》，長德至治安）

行成的日記（權大納言，是書法名家，正曆至寬弘）

實資的日記（右大臣，天元至長元）

這些都是平安時代中期，也就是藤原氏全盛期的日記。這五人都是藤原氏，其中實資的日記從二十二歲寫到了七十六歲。把寫日記的習慣堅持了五十多年，單是這點都不得不讓人佩服，而其內容也充滿見地。

平安時代末期的日記有右大臣藤原宗忠的日記（《中右記》）、左大臣藤原賴長的日記（《台記》），到了鎌倉時代，有關白藤原兼實的日記（《玉葉》），這些日記的篇幅都很長，就寫本來說，《玉葉》有六十八冊，《中右記》則達一百零九冊。這些日記都充滿卓識，內容豐富，記錄了重要事件，而且文筆都很出色。

一直圍繞著藤原氏一族講到這裡，是想說明藤原氏出了許多傑出人物。其實藤原氏之外，如平氏和源氏，這些家族的日記也都流傳了下來。千年之間，總有一家或是一人的日記傳到了今日，順著這些日記，可知歷史的潮流。這點可謂日本的特色。

承平、天慶之亂

上面講的都是關於藤原氏好的一面，他們代代出能人，位及大官要職，輔佐朝政，吟詩作對，創造了一個風流優雅的時代，這是令人愉快的回憶。但是這些人的目標是在朝廷裡出人頭地，在京都過上優雅的生活，他們並不會去關注地方社會。後一條天皇時期的萬壽三年，被任命為筑後守的藤原懷尹不願意離開京都、前往九州，一年甚至一年半過去了也不去就任，就成了問題。與此同時，被任命為太宰大貳的藤原惟憲，雖說挺樂意地去就任了，但是回到京都的時候帶回了無數的奇珍異寶，被有識之士罵為不知廉恥。估計他是用不正當手段強搶來這些寶貝的吧。

地方政局一亂，便到處出問題。第一個問題就是東國的平將門、西國的藤原純友之亂。先來看平將門，桓武天皇第三代的孫子高望王，被貶為臣子，賜姓平，封上總介。其子國香是常陸大琢、鎮守府將軍，良兼做了下宗介，良將做了鎮守府將軍，三兄弟都立足關東。在中央的朝廷，如果不是藤原氏的主流，是沒辦法出人頭地的。這些懷才不遇的人們就立足地方，想幹一番事業。

將門是鎮守府將軍良將的兒子，他是一位非常頑固的人。他和伯父為了女人起了衝突，帶兵從下總打到武藏，再到常陸和下野，一路橫行，每到一處都打垮國司的軍隊，放火打劫。於是朝廷任命參議兼右衛門督藤原忠文為大將軍，討伐平將門。討伐軍從京都出發是在天慶三年（九四一）的二月八日，在他們抵達關東之前的二月十四日，將門的堂兄弟平貞盛和下野的押領使藤原秀鄉已經聯手大戰平將門，終將其剿滅。

與此同時，在關西鬧事的是前伊予掾藤原純友。他以伊予的日振島為根據地，召集各路惡人做海賊，在瀨戶內海橫行霸道，甚至有傳聞說他們要攻入京都，弄得京都一時人心惶惶。而且那陣子，京都裡幾乎每晚都有人放火，大家都懷疑這是純友犯下的。京裡的男人每晚都爬上屋頂監視，女人就把水搬到庭院裡。天慶二年（九四〇）末，備前介打算將純友的惡行告到朝廷，不想被純友發現了。純友就在途中把剛出發的備前介打了個措手不及，把他殺害，還切了他的耳朵，削了他的鼻子。讚岐介也計畫討伐純友，誰知反被其打敗，逃到阿波。純友攻入讚岐國府，一把火將其燒光。於是朝廷任命左近少將小野好古為長官，源經基為次官，率領軍隊討伐純友。純友逃到了九州，雙方在博多展開激戰。純友戰敗，好不容易保住命逃回伊予，卻被生擒。此時已是天慶四年，即將門被殺一年後。

東國的將門，西國的純友，竟然同時鬧事，前後被滅。這就是承平、天慶之亂。縱觀此亂，大家是否發覺不可思議的地方？不管是下總、常陸，還是備前、讚岐，鬧事的基本都是介或者大掾，而身為長官的守卻一直沒有露面。朝廷一定任命了守，但守沒有露面就意味著他並沒有到自己的赴任地去。也就是說，長官沉浸在京都優雅的生活中，地方的民政都被交給了其次官介。承平、天慶時間上剛好是在延喜和天曆之間，當時世上已是這樣一種景象。我們必須注意到，「世間已在我手中」的藤原氏全盛時代暗藏著這樣的隱患。

地方豪族[2]的抬頭

參與討伐平將門的，除了武藏介源經基、常陸大掾平貞盛之外，還有下野押領使藤原秀鄉。參與討伐純友的，除了左近少將小野好古、源經基的正副長官之外，還有判官右衛門尉藤原慶幸和主典右衛門志大藏春實。這些都是平定這次叛亂的人，他們英勇奮戰，討伐賊軍，冒著危險，為國家為社稷立下功勞。這些人就算當時沒有立刻得到回報，將來遲早也會得到，這是人生不變的道理。大家請看，平貞盛的子孫成了平家的主流，太政大臣清盛、內大臣重盛時期平民一族達到了全盛。而平家滅亡後，作為鎌倉幕府的支柱，北條氏掌握了天下大權，其中義時、泰時、時賴、時宗就是貞盛的子孫。

接下來談談經基。他是清和天皇的第六皇子貞純親王的兒子，人稱六孫王，被賜源姓。他在中央沒有辦法出人頭地，就做了地方官。他的兒子叫滿仲，居住在攝津的多田。滿仲有兩個兒子，哥哥叫賴光，弟弟叫賴信，而賴信有個兒子叫賴義，賴義的兒子就是八幡太郎義家。剛開始這一族還沒有那麼強大，而到了義家的時候，其威名就傳遍了天下。後來，這一家就出了賴朝和義經這樣的人物。

2 作者在這一節中將源平二氏都歸為地方豪族，這其實是不準確的。源平二氏都屬於中央軍事貴族，平清盛和源賴朝雖然都統率著地方武士，但他們本身不是地方豪族。日本史學界早已指出，平家只不過是從下層貴族爬到了頂層貴族的地位，並不存在地方武士掌握政權這樣戲劇性的飛躍。——譯者注再來看藤原秀鄉。這個人的子孫中，到奧州去的有清衡、基衡、秀衡等人，他們在平泉創造的財富震驚了世人；到九州去的則成了大友氏，做了少貳，很長時間內其武力都威名遠揚；而留在京都的有左兵衛尉義清，此人出家後稱西行，其功夫讓人驚歎，其和歌更是一流。除此之外，秀鄉的子孫還有伊賀、小山、下河邊、結城等豪族。

接下來講的和將門之亂沒有直接關係。延喜年間，東國有個非常有名的鎮守府將軍叫藤原利仁，他以下野的高座山為根據地，擊退了數千作威作福的山賊。關於這位利仁將軍有很多不可思議的傳說，接下來談談其中能表現地方豪族實力的事情。利仁將軍年輕的時候，在京都侍奉攝政關白家。那時同樣在那裡侍奉的一個武者，位及五位。有一次，這個武者一邊吃著剩下的芋粥一邊說：「唉，真想喝一次飽足的芋粥啊。」利仁聽到後說：「過幾天我請你喝。」四五天後，利仁又對武者說：「東山那邊有入浴之地，一起去吧。」然後讓武者騎馬出發，過了東山，過了三井寺，把他帶到了遙遠的敦賀。利仁在敦賀有個豪商舅舅，叫有仁。有仁收到狐狸送來的消息，得知利仁一行的來到後，讓僕人牽上兩匹馬去迎接。利仁一行來到敦賀就受到了盛大歡迎。火盆裡火燒得很旺，毯子鋪得厚厚的，有仁還往精美的和服裡填上厚厚的棉花，提供給利仁一行。武者在睡覺的時候聽到下人們被高聲吩咐道：「你們聽好了。明天一早，天沒亮之前，一人帶一條山芋過來。長度要五尺，切口要三寸的。好好辦去。」天一亮，武者醒了一看，巨大的山芋堆得跟小山一樣，放在五斗大的大鍋裡煮。「來，粥煮好了。請吃吧！」武者聽到後驚呆了，連一碗也沒喝完。接下來一個月，他在這裡過得非常奢華，離開敦賀的時候，還受贈了許多衣物和牛馬，可謂光鮮無比地回去了。

雖說利仁通過狐狸來和有仁通信這個故事荒誕，但是被寫進《今昔物語》和《宇治拾遺物語》。從這個段子我們可以知道，就在中央看不起地方的同時，地方的豪族們已經漸漸積累了強大的實力。利仁在下野憑武力打響了名聲，而其子孫卻發展到了北國。越前的齋藤、竹田，加賀的富堅、林，這些人的祖先都是利仁，也許都起源於其與敦賀的有仁的交情吧。

◎八幡太郎義家

賴光、賴信兄弟

源氏的第一代經基，早早就通過平定將門和友純之亂一舉成名。到其子滿仲，再到賴光、賴信兄弟的時候，源氏的名聲越來越大。特別是哥哥賴光，名字被音讀為ライコウ（laikou）[3]，有各種各樣的傳說都是讚揚這名勇將的。在《古今著聞集》裡面有這樣的故事。在一個寒冷的夜晚，賴光領著手下們回家，途中路過弟弟賴信家的附近。賴光派手下公時去問賴信：「我現在路過你家附近。天氣惡寒，可有好酒？」那時賴信剛好在喝酒，就回覆說：「來得正好。趕快過來吧。」於是兄弟二人舉杯暢飲。這時，賴光看到馬棚裡有個少年被綁著，就問道：「那是何人？」「叫鬼同丸。」賴光吃了一驚：「對鬼同丸這麼可怕的男子，只綁成那樣？太危險了吧。」賴信聽了，覺得在理，就取出金鎖，把鬼同丸重新嚴嚴實實地綁了一次。鬼同丸聽到剛才的對話後，對賴光恨之入骨，決心當晚復仇。於是眾人熟睡之後，鬼同丸掙脫繩索，爬到賴光寢室的天窗上，打算從那裡跳下來刺殺賴光。賴光覺察到了這一切，大喊：「天窗上好像有個比鼠大比豹小的東西，有誰在嗎？」「綱在！」一個下人出來了。賴光吩咐說：「明天到鞍馬去，天沒亮就出發，去喊幾個人一起。」「大家都會來的。」綱答道。鬼同丸聽了後，覺得今晚下手是不可能了，就改變主意，打算明天在去鞍馬途中襲擊賴光，誰知在路上找不到可以藏身的地方，偶然發現放牧中的牛群，就殺了其中最大的一頭，挖出內臟扔了，自己鑽進牛的腹中躲了起來。賴光終於來了，帶著綱、公時、定通、季武等一群優秀的手下。賴光勒馬說道：「這風景有趣，有這麼多的牛，要不要射殺一下？」

下人們都爭先恐後地射牛。其中，綱好像發現了什麼，朝著死牛的肚子射了

3 日文中，賴光這個名字，作為武士的名字的時候一般訓讀為よりみつ（yori mitsu）。——譯者注

一箭。死牛隱隱蠕動，鬼同丸從牛腹中出來，拔刀砍向賴光。賴光絲毫不驚，砍下了鬼同丸的頭。這則有趣的故事流傳了下來。賴光既過著風流優雅的生活，吟詩，玩樂器，又勤於習武，有著一副俠義心腸。兩者兼修，可謂無可挑剔。文武並重其實是很困難的，文武分離，文厭惡武，武嫌棄文，如此一來，國家就會變得非常不健全，要麼衰弱，要麼陷入戰亂。縱觀歷史，無一例外。

賴光的弟弟賴信平定了平忠常之亂，立了大功。忠常是忠賴（相當於平將門的堂弟）之子，良文之孫。他的勢力遍佈武藏、下總、上總，他於長元元年（一〇二八）舉兵叛變，扣押本應上交朝廷的年貢，火燒上總國國府，殺害安房國國司。朝廷任命平直方為追討使，可是不起作用，於是改派甲斐守源賴信去征討。忠常的宅邸建在下總國裡接近霞浦的地方。賴信原本打算從常陸攻過去，但是海灣非常廣闊，沒有地方隱藏船。如果繞遠路的話，要耗費數日，忠常就會趁機逃走或者加固防守。不管哪個方案都很棘手。賴信詢問部下如何是好，部下們都選擇繞遠路。這時賴信開口了：「雖然頭一回來阪東，但聽家裡的傳聞，說是在霞浦的出口有一處像堤一樣淺的地方，寬約一丈，直渡過去，水深最多漫過馬腹。

將士中應該有熟悉這地方的人吧？讓他帶路。我跟著他渡過去。」說著就策馬向前了。果然，將士中有知道怎麼走的人。他一邊開路，一邊把蘆葦插作淺灘的標記，於是全軍平安無事地渡過了海灣。浩大軍隊中知道這路的人只有三個，別的人完全不知道，而賴信卻知道。將士們都感慨道，這將軍真是非凡的英傑。後來，平忠常被打了各措手不及，就投降了。長元四年（一〇三一），此亂得以平定。

賴義、義家父子

討伐忠常的時候，賴信已經年過六十。輔佐賴信、立下大功的是其子賴義。雖說是兒子，其實也四十多歲了。這賴義有著過人的勇氣與才略，阪東的武士們都以在其麾下為幸。賴義後來成了相模守，去了當地赴任。在那裡，不管多兇猛不羈的人都會歸順於賴義，像聽差一樣侍奉他。據說，從東海道到關東，只要是武士，大半都成了賴義的手下。不久，安倍賴時在陸奧舉兵叛變，連討伐軍都敗下陣來。於是朝廷任命賴義為陸奧守兼鎮守府將軍，討伐賴時，之後的細節在這裡不一一說明。天喜五年（一〇五七）七月，賴時戰死，但是其子貞仁英勇善戰，讓賴義陷入了苦戰。根據記載，當時是十一月，按現在的陽曆來算就是十二月末或者正月初，也就是說戰鬥是在漫天風雪中進行的。賴義的官兵所剩無幾，糧食也耗盡，人疲馬憊，死者達數百人，只剩下騎兵六騎。叛軍見狀立馬追來，箭如雨下。在這緊急關頭，發揮了極其重要的作用的是賴義的長子八幡太郎義家。義家死於嘉承元年，時年六十八歲，按戰鬥當時的天喜五年（一〇五七）算的話正當十九歲。這位十九歲的八幡太郎，武功蓋世，騎著駿馬穿梭在叛軍中，用大鏃箭射殺叛賊，無一支落空，中箭者必亡，無人能敵。他有位叫則明的手下，奪取叛賊的馬讓義家騎上。一場惡戰下來，叛軍們恐於義家的箭，退下陣來，官軍得以突出重圍。

當時，沒有幾個人想去平定這次叛亂。徵兵，無人來應；徵收兵糧，也所獲無幾。陸奧的人民逃亡到別的地方，鄰國出羽的國守也在觀望局勢。也就是說，當時實際上只有賴義、義家父子有平定這次叛亂的意志和實力。於是，朝廷重新任命已到任期的賴義為陸奧守，負責平亂。

天喜五年（一〇五七）年末，賴義重任陸奧守。由於得不到鄰國的協助，徵集不到兵士和糧食，賴義只能一直不停地去說服出羽的清原光賴、武則兄弟。然而時間就這樣過去，賴義的四年任期結束了。康平五年（一〇六二）的春天，高階經重被任命為陸奧守。可他就任之後，沒人聽從他的指揮，人們信賴的只有源賴義。經重見狀，馬上歸京。而出羽的清原氏也終於下定決心，率兵一萬出發。賴義大喜，率三千多人迎接，兩人見面感慨萬千。兩軍聯手進攻貞任，連戰連勝，突破衣川之關，攻下廚川的柵欄，終於將貞任斬殺。貞任弟弟宗任投降，這一叛亂終得平定，此時已是康平五年（一〇六二）的年底。立下如此戰功的賴義得封正四位下伊予守，義家得封從五位下出羽守，清原武則得封從五位上鎮守府將軍。

手足相殘

《古今著聞集》裡有一個有趣的故事。八幡太郎義家攻到衣川，安倍貞任落荒而逃，義家追上去，喊道：「逃跑真是狼狽。回頭！我有話要說。」於是貞任轉了回來。這時義家吟詩道：

衣のたては　ほころびにけり

（暗指衣川已經淪陷。）

貞任勒馬，回應道：

年を経し　糸のみだれの　苦しさに

（長年征戰，已疲憊不堪。）

義家聽了心有感慨，便鬆開即將射出的箭，回去了。

義家是個充滿各種傳說的人。他准許投降的宗任侍奉在自己手下。有一天，他只帶宗任一人，身著獵裝外出了。在穿過一片廣闊的原野時，跑出一隻狐狸。義家拔箭追了上去，但覺得把它殺了的話也怪可憐，就把箭射向狐狸左右耳的中間，箭停在了狐狸鼻尖的泥土上。狐狸撞箭倒下了。宗任下馬，拎起狐狸，說：「都沒被射中卻死了。」而義家答道：「不對，它只是暈過去了。馬上就會甦醒的。到時候把它放了吧。」然後命令宗任拾起那只箭，插到義家背著的箭袋中。義家的手下們都很擔心，說義家這樣太信任宗任了，很危險，但義家毫不在意。

義家討伐貞任後回到京都，去拜訪關白藤原賴通，報告戰況。大江匡房很認真地聽了之後，自言自語說：「是很優秀的武士，很可惜卻不懂兵法。」義家的手下聽到後很生氣，告訴了義家。義家卻毫不發火，說：「這一定是有原因的。」然後去跟準備歸去的匡房恭恭敬敬地打招呼，後來還成了匡房的弟子，鑽研學問。匡房此時才不過二十四五歲，卻已是學富五車之人。義家應該比他大兩歲。義家年長於匡房，並且已是戰功赫赫之身，卻向比自己年幼的人謙虛請教，一般人是不會做這樣的事情的，而義家卻拜入匡房門下，實在是不簡單，同樣，作為教育者的匡房也不簡單。

二十年後的永保三年（一〇八三），義家成了陸奧守並兼任鎮守府將軍，再次前往奥州，平定清原氏的叛亂。在進攻金澤的柵欄時，在天空飛翔的雁群正向田裡降落卻突然受驚，亂了佇列，四處飛散。義家偶然看到這一幕，勒馬說道：「當年大江先生教我的兵法書裡說，如果有伏兵，飛雁就會打亂佇列後四下散去，這原野裡一定有敵人的伏兵。」於是將這原野圍起來進攻。果然，這裡有三百多騎伏兵。義家感慨地說：「若是我沒鑽研學問，怕已陷入險境了。」這一叛亂在寬治元年（一〇八七）得以平定。但是朝廷認定這是私鬥，也就是雙方自作主張發起的戰鬥，故不承認義家的戰功。而義家卻用心良苦地對部下論功行賞，也因為如此，義家和部下的主從關係日益堅固。

後來，寬治五年（一〇九一），藤原實清和清原則清為了河內國的土地起了紛爭。麻煩的是，這兩邊的後盾，一邊是義家，一邊是義家的弟弟賀茂二郎義綱。這兄弟倆人都是身經百戰的勇將，而且各自支援的人是對立的，結果事態演變到用武力解決問題、一比高下的地步。朝廷也為此事震驚，下令五畿七道，禁止義家的部下進京，而且嚴令各國百姓，不能將田地捐贈給義家作為莊園。

這件事距離賴朝在鎌倉掌握天下武力的大權大約還有一百年。但可見，義家的聲望有多高，而且不單是武力，其經濟實力也讓人恐懼。還有一點，源氏的強處在於打仗，弱點在於手足相殘，這一點在這件事上已經表現出來了。

嘉承元年（一一〇六）七月，義家病逝，享年六十八歲。他有一首和歌收錄在《千載集》中：

吹く風を　なこその関と　思へども
道もせに散る　山桜かな
（風吹過，想來是勿來之關。散落一路，山櫻花。）

這和歌的詞書[4]說，義家在前往陸奧國時經過勿來，看到落花有感而作。看

4　詞書（ことばがき），和歌的序言，簡單介紹這首歌是在何時何地作的，以及相關背景。——譯者注

來這是他根據觀景的實感而作的和歌。義家武藝高強、英勇善戰，這點是毋庸置疑的，他在學問上也勤於鑽研，愛作和歌，實在是一名出色的武將。但是，兄弟相爭這點是源氏嚴重的缺陷，就連義家這樣的英雄在這點上也有缺陷，實在可惜。

後三條天皇

大江匡房

平安時代，正如其名，大抵都是平安的時日。柳櫻爛漫的都城之春很美，日語得到很好的規範和美化，和歌和小說發展良好，長久被後人奉為典範。但這平安時代的背後，其實有很多弊病。第一，藤原氏在天皇年幼時任攝政，在天皇成人時任關白，幾乎代理所有大權。任何與其並駕齊驅的勢力一出現，即刻就會被藤原氏排除，右大臣菅原道真就是例子。由藤原氏主管的人事變動，並非在正確考量當事人能力的前提下做出的判斷，大抵根據當事人捐獻金銀的數量來決定給他分配哪個官職。大隅守櫻島忠信的落書[5]裡寫到，在菅原道真還是右大臣時，即昌泰三年（九〇〇）左右，那一年的人事變動不根據工作的成果，而是按照捐獻金錢與否來進行的，有十二國的地方長官靠錢買到官職。出錢買到長官一職的人，不得不強制徵稅來填補空缺。強制徵稅加劇了百姓的反感，地方變得混亂。即便山賊海盜出現，抑或叛亂發生，本應去鎮壓的官員們卻毫無意志和力量去鎮壓，問題愈發棘手時，只能依靠源氏或者平氏。一個處於這種狀態的國家是不健全的。

那應如何是好？毋庸置疑，最好的方法就是英明的天皇奪回統治大權，安排公正的人事變動，施行威嚴光明的政治。最理想的是天皇繼承神武天皇、仁德天皇、天智天皇、桓武天皇的精神而崛起。那是否出現了繼承這種精神、欲除百弊的天皇？是的，他就是後三條天皇。

第七十一代天皇後三條天皇，定年號為延久，故此代也稱作延久之帝、延久之代。他即位時才三十五歲，天資英明，讓左大臣藤原教通沿襲前代保留關白之名，自己卻親自執政。被天皇看中提拔的人，都是作風正派的優秀之士。其中一人就是大江匡房，那位二十二三歲就教授兵書給八幡太郎義家的匡房。後三條天皇即位時，匡房才二十八歲，官位也低。天皇即位當日，就任命匡房為藏人。所謂藏人，就是侍奉在天皇身邊負責機密要事的秘書官，是作為天皇左右手的要職。匡房從四歲起開始讀書，八歲時熟讀《史記》（一百三十卷）和《漢書》（一百二十卷），十一歲時能作詩，被世人稱為神童。天皇以這樣的人為參謀、為秘書官，意欲一改朝政。

匡房不僅學識淵博，還是非常有骨氣的剛直之人。有一次，天皇自己寫好將在伊勢大神宮神前宣讀的宣命後，給匡房看。其中有一句是：「朕即位後，不為僻事。」所謂僻事，是指錯誤的事情。匡房針對此處詢問天皇說：「關於這點，聖上怎麼看？」

天皇非常生氣，問道：「朕何錯之有？」

「棄隆方不用，卻提拔實政為左中弁，不是麼？」匡房答道。可謂君臣同心同德，努力避免偏離正道。

5　落書（らくしょ）指匿名的信、佈告，內容多為嘲諷當政者或社會現象，告密、攻擊他人。扔、貼在顯眼的地方，或者塗鴉在門牆上，公之於眾。平安時代初期多為貴族們進行政治鬥爭的一種手段，中世以後，隨著文字的普及，出現在更廣泛的社會階層中。——譯者注

宣旨升

那時，京中多發劫路和盜竊，天皇便下令禁止夜間出行。這樣一來，據說聖上這一代幾乎就再沒有發生過盜竊。大極殿十幾年前被燒毀後，一直沒有人去管，聖上立刻下令重建，終在延久四年（一〇七二）的四月建成。此外，聖上嚴禁鋪張浪費，獎勵勤儉節約。當時人們都爭相在出行車上裝金屬品，奪人眼目。陛下見此，下令把這些金屬品一律取掉。

敕定度量單位，是平民百姓們最感激的政策。比如，同樣是一升米，若升大小不定，便會產生不公正，至今基本是用有利於收取年貢一方的大升去量。而今，聖上下令製作宣旨升，規定容量。宣旨升就是敕定的升，聖上連度量單位的標準都要規定，可見延久的政治決策是非常細緻的。

在此逐步改革中，最大的問題是莊園的整頓。延久元年（一〇六九）二月二十三日的敕令廢除寬德二年（一〇四五）以後新建的莊園。對於寬德以前的莊園，沒有明確來歷的抑或是有礙國務的都要廢除。閏二月十一日，設立役所，名為記錄所，審查莊園的相關證明資料。寬德二年（一〇四五）之後的莊園中，面積最大、數量最多的是後冷泉天皇時代的關白藤原賴通的莊園。後三條天皇也令賴通提交相關證明資料，但賴通是這麼回答的：

老臣五十多年來輔佐天皇，各方面都贈予老臣土地，皆為受人美意，沒有證明。如聖下覺得不妥，不必顧慮，請沒收。我們本應積極整頓莊園，即便聖上全部沒收老臣的莊園也無礙。

面對賴通如此堂堂正正、廉潔的態度，作為例外，天皇僅對賴通的莊園不做整頓。

那時的關白是賴通的弟弟教通。在教通管理下的興福寺和大河國的國司之間發生了衝突。問題變得棘手，天皇親自進行判決，判定國司勝訴。教通憤慨不已，立刻率領一族的公卿退席。天皇為難了，又改判興福寺勝訴。

口頭上說是廉潔，但前關白賴通是個難對付的人，而現關白教通又這樣明顯地抵抗。如此一來，改革碰壁了。天皇後來也病倒，延久四年（一〇七二）讓位於皇太子，即白河天皇。

院政

院政的開端

後三條天皇制定的改革方針一一針對當時政治的弊端，如果能將這改革實施並且永遠保持下去的話，日本定能恢復健全的狀態。但改革遭到了藤原賴通、教通兄弟的強烈抵抗，天皇對此只能歎息，還病倒了。延久的政治才數年就告終。儘管宣旨升一直還保留著，但莊園的整頓中斷了，人們也很快遺忘了獎勵勤儉節約的政策。

後三條天皇戒驕奢，禁止在出行車上安裝金屬物做裝飾。延久之世結束之後的第十四年，應德三年（一〇八六），鳥羽殿完工，其大部分費用都是讚岐守和備前守捐獻的。他們憑此大功，得任兩國的國司之職，還擔任全國五畿七道六十多州的工程，下令挖池造山。池面積達南北八町，東西六町，水深八尺多。池上還放船隻，船上立帆。據說，這不單是建造一位上皇的御所，御所周圍都有都市規劃，給近臣分配房屋，讓他們建造宅邸，如同遷都一般。

兩年後的寬治二年（一〇八八）春，白河天皇去參拜高野山，紀伊國的國司備船出迎，即所謂的「屋形船」[6]。屋頂用船來的錦緞搭建，鋪的是高麗端的榻榻米，還有銀泥的畫屏風做裝飾，實在是奢侈至極。顯然，後三條天皇以勤儉節約的理念去改造國家的精神，已經完全被忘卻了。

白河天皇在位共十四年，之後讓位給堀河天皇，在堀河、鳥羽、崇德三代實行院政，長達四十三年。天皇如同皇太子，實際的天皇是上皇，掌管政治，這就是院政。這種政治形態是扭曲的，從國家組織的角度看絕不是益事。世人認為，這種政治形態是後三條天皇所想，目的是牽制藤原氏，但這兩點都不正確。後三條天皇絲毫沒有這種想法，院政也不以牽制藤原氏為目的，這是皇室內部鬥爭不幸引發的結果。

末法思想

那時，末法思想讓人們的心靈變得昏暗。這是佛教裡劃分時代的方法，釋迦圓寂後的一千年是正法時代，接下來的一千年是像法時代，最後一萬年叫末法時代。在正法時代，佛祖的教誨尚存，仍有依此修行的人，只要修行就能大徹大悟。進入像法時代，雖仍有教誨和修行，卻已無法徹悟。到了末法時代，剩下的只有教誨，已無修行和開悟。時代越往後，人類的精神就越墮落，無人為修養而努力，就算努力也是徒勞的。可怕的動物本能，強烈的憎恨，無窮無盡的爭鬥，雖在此世卻無異於已入地獄。末法思想是一種可怕的命運觀。

釋迦是哪一年圓寂的？實際上無從而知。有人抨擊說日本的皇紀[7]是不明確的，但關於釋迦入滅，有多達五十多種說法。諸說法之間有多大差異？拿最早的

6 やかたぶね，屋頂型畫舫。——譯者注

7 以《日本書紀》中神武天皇即位的年份作為元年所定的紀元，皇紀元年相當於西曆的西元前六六〇年。——譯者注

和最晚的來說，之間差了兩千八百年以上。想必讀者能明白調查古老時代的歷史有多麼困難了吧。話說回來，日本的普遍看法是，後冷泉天皇時代的永承七年（一〇五二）是釋迦入滅後的兩千零一年，由此進入末法時代。這對人們來說，是極其悲傷和恐怖的。不難理解，人們都相信已經進入一個無法拯救的時代，一個就算努力去積累修養也是徒勞的時代。

更有甚者，比叡山、三井寺[8]、興福寺等寺院的暴行向我們證明了這種末法思想。僧侶本應以侍奉佛祖、鑽研學問、善導世人為本業。若他們怠於修行與學問，掛刀於腰間，手持長刀，殺害生命，燒毀寺院，人們自然會認為這是末法濁世。白河天皇時代的永保元年（一〇八一）三月，興福寺眾僧徒數千人襲擊了多武峰，燒毀了山麓三百多戶人家。四月，三井寺的眾僧徒率數百兵，襲擊了比叡山山麓的日吉神社。對此比叡山自然不能坐視不管，帶數千兵來到三井寺前。四月內雙方還只是敵視而不動，到了六月九日，比叡山的數千僧徒武裝襲擊三井寺，一把火將其燒成灰燼。一百一十八堂塔，四間神社，六百二十一間僧房，一千四百九十三間住宅，全部被燒毀。人們都歎息道，印度、中國、日本三國的佛教史上都沒發生過這樣的事件。九月，三井寺對比叡山進行報復，比叡山大怒，又在十五日進攻三井寺，放火燒了之前燒剩的堂塔、神社、僧房、住宅。

比叡山和三井寺本應是兄弟般的關係。兩者都是天台宗，屬於傳教大師最澄的門流。最澄之後，比叡山的第三世座主（長官）是圓仁，第五世是圓珍，兩人年齡只差二十來歲。他們都是優秀的高僧，圓仁被賜慈覺大師之號，圓珍被賜智澄大師之號。不幸的是，後來弟子們相爭，在一條天皇時代的正曆四年（九九三），圓珍的門流離開比叡山，把三井寺作為根據地。八十八年後的永保元年（一〇八一），三井寺被比叡山攻擊，一時間被燒成灰燼。

這兩寺本是兄弟般的關係，而且他們的身份是僧侶，他們卻挽起衣袖，提刀打架，將對方的寺院和神社一把火燒掉。這是不理智的做法，而且這紛爭並不止於比叡山和三井寺之間。當時，人們提到「山」，便指比叡山延曆寺，提到「寺」，便指三井寺。這山和寺，山門和寺門的爭鬥，非常慘烈，而這爭鬥還不

8　園城寺的別稱。——譯者注

限於此，連山門內部也有激烈的鬥爭。剛才提到，永保元年（一〇八一），比叡山的眾僧徒將三井寺燒毀。十二年後的寬治七年（一〇九三）八月，比叡山的座主和眾僧徒之間發生了爭鬥，眾僧徒放逐座主良真，然後座主率兵破壞了反對派的坊舍。

延曆寺會有這樣的暴行，三井寺也會。興福寺藉著武力向朝廷強行請願，熊野山也不甘示弱。令人吃驚的是，面對這些大社寺的強行請願，朝廷的態度非常懦弱。社寺們提的非分之求大多就這樣得到了許可。《平家物語》中提到白河上皇說過的話：「世上不如我意之事有三：賀茂川的水、雙六之賽、山法師。」比叡山延曆寺的創立者最澄的本意是鎮護國家，即從精神上鞏固國家的基礎，為朝廷盡一份力。而今他們卻違抗朝廷的命令，放逐座主，燒毀三井寺，如果事情不如他們的意，他們就抬著日吉山王的神轎到京裡，向朝廷施加壓力，實在是無法無天。這樣的暴行應該被取締，惡僧們應該被逮捕、處分。若官員們戰戰兢兢地俯首讓步，國家統治的體制一定會徹底崩塌。更進一步說，如果朝廷官員連擔憂此事的見地和氣魄都沒有，依然過著驕奢淫逸的生活，最後若發生大亂，也只能說是無可奈何。

後三條天皇打算改革時，藤原氏由前關白賴通和關白教通兄弟做主。兩人都是御堂關白道長之子。道長曾放言「此世為我物」，建造了美麗的法成寺。雖然法成寺已被燒得無影無蹤，但賴通建造的宇治平等院則保存至今。永承七年（一〇五二），賴通聽聞世界已到末法時代，就將自己的別墅改建成平等院鳳凰堂，於第三年建成。那安放有一尊一丈六尺的阿彌陀如來像，其莊嚴可謂古今無雙，想必大家在戶外教學的時候都去參觀過吧。

賴通的兒子是師實，師實的兒子是師通。師通的兒子是忠實，忠實的兒子是忠通、賴長兄弟。到這兩兄弟時，發生了保元大亂。永承七年（一〇五二）到保元元年（一一五六）的一百零四年間，世間充滿奢侈和專橫之風，人們不聽從後三條天皇的指引，終於遭到報應，引來這可怕的大亂。

保元之亂（上）

藤原賴長

保元之亂為何爆發？其原因既有宮中的，也有攝關家的，既有源氏的，也有平家的。若是攝關家裡沒有賴長這個人物，也不至於會引發大亂。賴長是關白太政大臣藤原忠實的次子，與其哥哥忠通年齡相差二十三歲。年齡相差這麼多，便不曾在一起玩耍過，感情也不會親近。更糟糕的是，兩人的生母不是同一個人。哥哥的生母是右大臣的女兒，而弟弟的生母是土佐守的女兒，身份完全不一樣。一般來說，生母不一樣總會導致家庭不和，可怕的事情就上演了。

賴長是英才。他十一歲元服，成為侍從和少將，不久就晉升為中將。十三歲做了權中納言，十五歲做權大納言，十六歲升為右大將，十七歲當上內大臣。聽到這些，人們興許覺得這樣的仕途太不可思議，甚至荒謬。但若是看了賴長的日記《台記》，便知他是一位非常勤學、優秀的英才。他十八歲就讀了《論語》十卷、《史記》五十一卷，十九歲讀了《漢書》九十二卷，二十一歲讀了《後漢書》百卷、《書經》十三卷、《詩經》二十卷、《莊子》三十三卷等。截至賴長二十四歲那年秋天，他讀過的書已達一千零三十卷。對這些書，賴長並非一時興起一掃而過，而是都背下來了。他二十四歲時讀了《南史》，該書主要記載的是建在揚子江流域，只經歷四朝二十四帝一百七十年的國家[9]的歷史。賴長覺得這些內容無關緊要，就唯讀了帝傳部分，剩下的七十卷，就讓書生來朗讀，自己一邊進餐或者入浴，一邊聽。書生讀完後第二天，就對賴長進行了考試。書生讀過的五百九十一件中，賴長記下的有兩百八十五件，忘了三百零六件，嚴格評分的話還不滿五十分。面對這不合格的成績，賴長羞愧無比，當天之內就把全部內容記了下來。

9　指南朝宋、齊、梁、陳四國。——譯者注賴長的學問不僅僅是熟讀熟記，其根本還是忠君愛國的精神。康治元年（一一四二），賴長快二十四歲時，在除夕之夜寫下了這樣的日記：

予聊游心於漢家之經史，不停思於我朝之書記，仍所抄出，殊不委曲，子孫又好金經舊史者，非此限，不然者，早習倭國舊事，可慕葵霍忠節。

也就是說，自己雖然研究了些許中國的哲學和歷史，但遺憾的是沒有去查閱過自己國家的歷史。子孫們以後，除特別喜歡中國的哲學和歷史的人之外，其餘的人要趁年輕研究國史，為天皇盡忠盡力。

賴長意志堅定、學識淵博，並且隨著學識的增加，他對別人的批評也自然嚴厲起來。人們從心底佩服賴長的學識，同時也害怕、忌諱他。賴長三十歲時當上了左大臣，人們把他叫作「惡左府」。這個「惡」，要說完全沒有「惡人」的意思也太絕對，但這層意思基本還是沒有的，更偏向於「固執、棘手、不通人情」的意思。也就是說，沒有誰能勝得過他的見識、學問、人品。

就是這樣的賴長，後來還增添了武力。康治二年（一一四三），賴長二十四歲時，把源為義收作家臣。為義是八幡太郎義家的孫子，事出有因，他直接成為祖父義家的繼承人和源氏的主流，一族的頭領。他十四歲的時候，奉敕命討伐美濃守源義綱，將其逮捕後，他名聲大噪。為義十八歲時，奈良興福寺的法師一萬人要去攻打比叡山，為義奉敕命把法師們從半路上趕了回去。其英名愈來愈大，可謂當時一等一的人物。為義本來一直是藤原忠實的家臣，康治二年（一一四三）六月三十日成為賴長的家臣。當時賴長二十四歲，為義四十八歲。出身名門的英才賴長學問過人，既有見識，又有勇氣，如今收為義作家臣，又增了武力。若是這種力量用在正道上，對國家是多麼有用？只可惜，隨著年齡增長，賴長對權力的欲望愈發強烈，與其說為了國家，不如說是為了自己來計畫和行動的。

夜襲白河殿

久安六年（一一五〇）的正月，賴長的養女進宮當了近衛天皇的女御，但賴長的強大競爭對手，即哥哥攝政忠通的養女也入了宮。朝廷只能將一人立為皇后，一人立為中宮，來保全雙方的顏面。這便是兄弟二人的一次競爭與對決。

還有一次紛爭是關於攝政地位的。當時攝政是哥哥忠通，而其父忠實要求他讓位給弟弟賴長。忠通拒絕了，他堅持說，若是朝廷撤了他的職位也就罷了，但他自己是不可能讓位的。如此一來，忠實和賴長都束手無策了。

另外，兩人圍繞「氏之長者」也產生了爭執。所謂「氏之長者」，是指掌管藤原氏一門，身處一族中最高地位之人。當時是久安六年（一一五〇），五十四歲的哥哥是攝政，三十一歲的弟弟是左大臣，要奪走哥哥的「氏之長者」之位轉而賦予弟弟，無論如何都是不合法的、行不通的。但是因之前兩個問題，忠實的情緒變得非常激動，直接派武士去從哥哥忠通的宅邸中奪走象徵「氏之長者」的寶物，給了弟弟賴長。

不久，近衛天皇生了病，久壽二年（一一五五）七月二十三日駕崩，年僅十七歲。當時，鳥羽法皇實行院政，決定由後白河天皇來即位；而崇德上皇對此不滿，這就導致了非常嚴重的問題。崇德上皇是鳥羽法皇的第一皇子，五歲就登上帝位，但二十三歲時，他遵從父皇的命令，將皇位讓給了弟弟近衛天皇。這本不是崇德自己的意願，只是必須聽從父親的命令而已。而今近衛天皇駕崩，對崇德上皇來說，要麼是自己再次即位，要麼是兒子重仁親王即位，抱有其中一個希望也是人之常情。若是這兩個希望都落空了，形勢就會變得嚴峻。保元元年（一一五六）六月一日，法皇召集下野守源義朝等人守衛宮中和法皇的御所鳥羽殿。七月二日，鳥羽法皇駕崩。心懷不滿的賴長對崇德上皇的抱怨表示同情，來到上皇的御所白河殿，召集兵士。源為義帶領著除了長子義朝之外的兒子們參見。白河殿東面的門，由平忠正率兩百騎守著，西面的門由源為義率一百騎守著，北面的門由平家弘率五十騎守著。為義的兒子鎮西八郎為朝，告辭父親兄弟們，隻身一人，要求負責防守最艱難的地方，即西河原的門。

為朝是個偉男子，雙手張開有四寸長，擅於拉弓，特別是強弓，換箭也快。

但他目中無人，連父親也拿他沒辦法，把他趕到了鎮西（九州）。為朝是個年僅十三歲的少年，卻一舉征服了九州的豪族們，十五歲時自作主張做了九州的總追捕使。朝廷沒辦法對付他，只能處置了他父親為義。為朝知道後，為自己的不孝之舉深感慚愧，便隻身一人上京接受處罰。其部下十七騎緊緊跟隨。現在遇上了這大亂，為朝就帶著十七騎守衛一方之門。

年紀輕輕卻征服了九州，這事情傳開後大家都關注著為朝。看他外形，身高七尺，目光銳利。賴長向其詢問戰術，為朝回答說，當夜發起夜襲，向三方放火，只進攻其中一方，便能一舉打勝。但賴長沒有採用此計，決定等到明日，多一些援兵來到後再堂堂正正決戰。

就這樣，夜襲的計畫被上皇一方否決了，而採取了這一策略的是天皇一方。在這邊，為朝的哥哥義朝的夜襲提議被採用了。七月十一日寅時（淩晨四點），平清盛率百騎，源義朝率兩百騎，源義康率百騎，進攻白河殿。這裡說的百騎和兩百騎，是指將校下面帶領的雜兵。

上皇的御所裡，大家都自以為戰鬥是在明天，正安安心心休息時，突然被打了個措手不及，亂成一團。賴長終於意識到：「原來如此，早知道按照為朝所說的做，我們這邊發動夜襲就好了！」可惜已經遲了。賴長急忙給為朝升官，任命其為藏人。為朝聽後，放話說道：「此舉何意？敵人已經攻來，大家分工做好防衛才重要。別人怎樣吾不管，為朝就是原來的鎮西八郎便好。」並開始組織守衛。

上皇一方的失敗

平清盛向著西門高聲報上名字：「守此門的是源氏還是平家？吾乃安藝守平清盛，奉宣旨到此。」為朝答道：「此門乃鎮西的八郎為朝所守。」

「這令人生厭的人！怎麼會來到這？」清盛沒了幹勁，猶豫不前。家臣伊藤武者景綱與其子伊藤五、伊藤六一起，率兵三十騎向前。為朝射箭過去，箭穿過伊藤六，又射穿在後面的伊藤五的盔甲的袖子，伊藤六仰面摔下馬。清盛見此，便撤兵退去，前往別的門。長子重盛說，「實在可惜！看到強敵就退卻，是打不出勝負的。我重盛要去會會這八郎的弓箭」，於是向前報上姓名：「吾乃桓武天皇第十二代後裔，平將軍貞盛的後代，刑部卿忠盛之孫，安藝守清盛之長子，中務少輔重盛，今年十九，此戰是吾初次上陣，名不見經傳的鎮西八郎，快來拜見！」

清盛慌了，馬上派士兵將重盛包圍起來，硬是讓他退下了。

伊賀國的山田小三郎維行，二十八歲，力大無比。他騎馬向前，為朝便向其射箭。箭從山田的馬鞍的前鞍橋射入，穿過鞍座，箭頭從鞍的後部射了出來，就像用竹籤穿過去一樣。山田沒撐住，差點從馬上仰面摔下，一時間跟浮在空中一樣。

平家害怕為朝，便撤下了。源義朝見此，前往此門。對為朝來說，義朝是兄長，三十四歲，為朝是八郎，年齡相差很大，大概十八歲左右。義朝靠近後報上姓名：「守此門的是何人？吾乃下野守源義朝，奉宣旨到此，如何？」

八郎回答道：「吾也是源氏，鎮西八郎為朝。奉院宣防守此處。」

義朝說：「荒唐！我既已奉宣旨來此，還不儘快退下。即便是敕命，怎能向兄長射箭？」

八郎答道：「那麼，兄長你怎能向父親射箭？我為朝是奉院宣行事。」

為朝對兄長也還是有顧忌的，他不打算傷著義朝，只嚇唬一下而已，便朝著義朝的哨箭射去。這箭發出陣陣高鳴，擦過義朝的頭盔，削下盔上的七八顆星，遠遠地射進後面的門裡。兵士們躁動了，義朝眼花目眩，幾乎要從馬上摔下來。

就這樣，少年為朝，帶著少量的兵士守著這道門，白河殿的防禦非常堅固。義朝覺得只能靠火攻，便向天皇申請，很快被准許了。

於是，義朝一方在御所的西面的中納言藤原家成宅邸放了火。恰在此時，刮起了強烈的西風，御所一下子就被黑煙包圍了，上皇一方大敗。

◎保元之亂（下）

亂後的處分

保元之亂的戰鬥只持續四五個小時就結束了，但這戰鬥所留下的傷痕是巨大的。之所以這麼說，是因為人倫，即為人之道已遭到破壞。人倫是怎麼被破壞的，道德又是如何被踐踏的？第一，這亂是崇德上皇和兄弟後白河天皇的鬥爭。儘管有著各種內幕，天皇和上皇爭鬥，哥哥和弟弟爭鬥，實在令人遺憾。

第二，這亂是藤原忠通與其弟弟賴長的兄弟之爭。哥哥是關白，弟弟是左大臣，儘管如此，父親疼愛弟弟，憎恨哥哥，從哥哥的手中奪走「氏之長者」的地位給了弟弟。藤原氏一家的內訌和皇室內部的對立摻雜在一起，最終引發了大亂。若是沒有藤原氏的內訌，皇室內就算有感情上的對立，也不可能發展到戰亂這種地步。

第三，源氏一族的父子兄弟，分成了兩派而戰。一方是義朝，他已是源氏一門的頭領，手下家臣也多。而另一方的為義，儘管是義朝父親，但已將頭領的地位讓給了長子義朝，也就是說已經隱居，手下家臣不多。但義朝之外的孩子們都跟隨父親為義，四郎賴賢、五郎賴仲、六郎為宗、七郎為成、八郎為朝都跟隨著父親，守衛上皇的御所，與哥哥義朝作戰。

第四，平家一族也分為兩派作戰。守衛上皇御所的是右馬助平忠正，率子長盛和正綱等人，成為一方的大將。而攻打他們的是清盛。對清盛來說，忠正是叔叔，長盛和正綱等人是堂兄弟，他們也是分裂成敵我作戰。

就這樣，父子之間、兄弟之間、叔侄之間的戰鬥，本來已是不道德，更過分的是戰後的處分，這更加釀下大錯。戰鬥的勝負一分，朝廷就把崇德上皇流放到了讚岐。左大臣賴長遭亂箭射死，其子兼長被流放到出雲，師長被流放到土佐，隆長被流放到伊豆，已經出家的範長被流放到安藝。另外，加入了上皇一方的公卿們也都被流放到各方，這些都是無可奈何的事情。上面說的大錯不是指這些，而是說對於武士的處分實在是殘忍至極、慘絕人寰。朝廷逮捕了平忠正父子，讓清盛將他們斬首，又逮捕了源為義父子，讓義朝將他們斬首。

作為武士，本來就該有戰敗後被捕被斬首的覺悟。然而，讓兒子去斬首，讓外甥去斬首，讓堂兄弟去斬首，這是多麼殘酷又讓人意想不到的處罰。朝廷的命令是錯的，遵照命令去實行的人也是錯的。

其中最惡毒的是源義朝，他不僅斬了父親為義，斬了弟弟賴賢、賴仲等人，還把和戰亂沒有任何關係的幼小的弟弟也斬了。乙若丸十三歲，龜若丸十一歲，鶴若丸九歲，天王丸七歲，都被義朝斬了。

負責戰後處分的是少納言入道信西，而義朝遵照命令斬了父親與弟弟，清盛斬了叔父和堂兄弟。這些人都必須為此行為負責，遭受報應。報應不會來得太慢，分別在三年後、四年後、二十多年後，信西、義朝、清盛都遭到了可怕的報應。

《保元物語》中記載，嵯峨天皇的時代以來，朝廷很久都沒有執行過死刑，儘管有依法該判死罪的人，但通常都是對其減罪一等判為流放。天皇二十六代共三百四十七年的歲月中，一直都沒有實行過死刑，而今卻斬了源家和平家七十多人，實在是讓人遺憾。物語感慨道：「讓義朝去斬首自己父親，簡直是前所未聞，這是朝廷的過失。」

京中天皇和上皇之間發生了戰鬥，多人因此喪命。事情演變到這一步，雖然平安京這一名稱還在，但平安時代就此結束。比起公卿，武家更有權勢，世間因此變得野蠻，讓人無可奈何。

嵯峨天皇時代的弘仁元年（八一〇），發生了藤原仲成之亂，之後一直到保元元年（一一五六），這期間的三百四十六年中，朝廷基本沒有執行過死刑。所謂「基本」是指比如像將門和純友這樣的叛亂，還有奧羽地區的戰爭，都要算作例外。一般來說，朝廷逮捕了人，儘管確認是死刑，但一上奏天皇，天皇就會開恩，降罪一等，改判流放。比如淳和天皇時候的天長五年（八二八），大中臣春繼殺了萩原王，卻沒被判死罪，而是被流放到伊豆。仁明天皇時候的承和九年（八四二），伴健岑和橘逸勢等人計畫謀反，也因天皇開恩免了死刑，被流放到隱岐或伊豆。清和天皇時候的貞觀八年（八六六），伴善男等十三人燒了應天門，本應判斬首，天皇卻開恩降罪一等，判了流放。像這樣的例子還有很多，這是平安時代的特徵。不，這不單單是一個時代的特徵，還是日本的特色。

生活在平安時代，習慣了天皇慈悲仁愛的人，就會覺得這是理所應當的，到了這武力橫行的時代，回顧過去，一定會覺得延喜、天曆的時代就好比春日一般溫暖。

村上天皇時，清涼殿前的梅樹枯萎了，天皇就讓人去尋找替代的良木。奉旨之人尋遍京中，卻找不到良木。好不容易在西京的某戶人家中找到了一株形態美妙的梅樹，就把它挖了起來，帶到御所。這人家的主人，將某樣東西綁在樹上，說道：「請就這樣拿回去。」這東西讓天皇看到了，天皇拿到手中一看，是一名女子寫的歌：

勅なれば　いとも畏し　うぐひすの
宿はと問はば　いかが答へむ
（既然是敕命，只能恭恭敬敬獻上這梅樹。只是，如果鶯兒來問，它的落腳之處去了哪裡，我該怎麼回答呢？）

天皇讓人去調查這是哪戶人家，原來是紀貫之女兒住的地方。「我做了這無心之事，讓人受罪了」，天皇後悔不已。這是《大鏡》中的故事。為了裝飾庭院，從各方收集良木美石，這樣的事情後來在足利將軍的時代也曾有過，但那是沒有半分情義的強取豪奪。天皇的執政和武家的做法之間有著極大的差異。從溫和的政治突然躍入充滿暴力武斷的世界，就是因為保元元年的大亂。北畠親房在《神皇正統記》中對此大亂感慨道：自保元之亂起，世態開始紊亂，時運衰退。還道：義朝身為代代侍奉君主之武士，不捨這保元之功勳。然而，命家臣斬父親之首級，此乃大錯。古今未聞，和漢也無此先例。或用功勳抵過，或辭退官職，怎無救其父性命之路？不盡本分，又怎能保全其身？義朝滅亡亦是天理。最後親房總結說：

而今世上不太平，只因名行已毀。

親房說的「名行」，是指君、臣、父、子、兄、弟，都有著與各自之名相當的責任，只有負起這責任才是有道德之人。君臣相戰，父子相爭，最終演變成子斬父，這完全破壞了人倫秩序，從今往後，亂世拉開帷幕。

◎平治之亂

藤原信西

保元之大亂，說是大亂，但實際一天就結束了。不，連一天都不到。戰鬥從保元元年（一一五六）七月十一日的寅時開始，到辰時勝負就已定。寅是早上四時，辰是早上八時，才四五個小時戰鬥就落下帷幕。雖說戰鬥四五個小時就結束了，卻留下了巨大的傷口，對往後有深刻的影響。

崇德上皇暫時進了仁和寺，在那裡他作了兩首歌：

思ひきや　身を浮雲と　なし果てて
嵐の風に　まかすべしとは

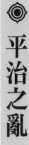

（從未想到會淪落到這樣，此身如浮雲般無依無靠，只能隨著狂風飄蕩。）

憂きことの　まどろむ程は　忘られて
覚むれば夢の　心地こそすれ
（只有在假寐時，才能忘卻這憂鬱。醒來那一瞬間，這憂鬱又再起了。多希望一直是在夢裡。）

後來上皇被流放到讚岐，作了下面這首歌：

浜千鳥　あとは都に　かよへども
身は松山に　音をのみぞなく
（鴴的足跡明明就能路過京都，但鴴之軀只能在遙遠的松山，發出陣陣悲鳴。）

在保元大亂中去了上皇御所的公卿都被流放，武士都被斬殺。並非只有參與了戰鬥的當事人喪命而已，連十三歲、十一歲、九歲、七歲的幼童都慘遭殺害。武士中除了為朝一人，沒有其他人活下來。他機靈地逃到了近江的山裡藏了起來，躲了兩個月。到了九月，他在洗澡的時候被逮捕，但因為大亂已經過了兩個月，為朝的激情也都褪去了，而且朝廷覺得殺了這樣一位稀世勇士實在可惜，就把他流放到伊豆大島。

至於得勝一方的動向，關白忠通恢復了「氏之長者」的地位，平清盛當了播磨守，源義朝被任命為左馬頭。此外還有兩位權勢急劇大增的人，一位是藤原通憲，他出家後稱作信西，這是一位大學者，現在還有據說是他的藏書目錄。他學識淵博，又有高瞻遠略，卻不能出人頭地。藤原賴長對他深表同情，甚至說道：「這樣的英才都不用，卻讓他出家。這是亡國的徵兆。」兩人在這一點上是知己。然而，後來後白河天皇即位，信西時來運轉。天皇的乳母藤原朝子是信西的夫人。人的命運真是無法預料，昨天還是湮沒於世的信西，隨著後白河天皇即位，即可時來運轉。保元之亂中，在天皇這方擔當指揮，採用了清盛和義朝的提案而贏得了勝利的人，就是信西。

另外一位是藤原信賴。他既和平清盛有姻親關係，又和奧州平泉的藤原秀衡有來往，其妹妹後來還成為攝政基實的夫人。但信賴得勢還是因為得到後白河天皇的寵愛與信任。

保元之亂後的權勢者就是藤原信賴、信西入道、平清盛和源義朝這四人。他們之中，兩文兩武，各自都也會有競爭意識，而文和武怎麼結合也是個問題。碰巧，義朝想要把信西的兒子——少納言是憲招為女婿。信西很不客氣地拒絕了，後來還讓是憲的弟弟成範做了清盛的女婿。這一行為導致了後來信西喪命。義朝憎恨信西，恨得咬牙切齒，說總有一天讓他知道厲害。而信賴和信西也是不合的，在這一點上，義朝和信賴是相通的。

保元之亂過了三年，平治元年（一一五九）年底，十二月，清盛帶著重盛去熊野參拜。平家家中無人，此時就好下手了。信賴找來義朝商量，打算一舉打倒信西。義朝爽快地答應了。信賴送了義朝大刀和馬，還有五十副盔甲，以資鼓勵。

保元三年（一一五八）八月，後白河天皇讓位給二條天皇，以後就作為上皇實行院政。義朝想，信西和其夫人一定在上皇的御所中。平治元年（一一五九）十二月九日夜晚，義朝率兵五百騎包圍了御所，先請上皇轉移到了其他地方，然後放火燒了御所，將從御所中逃出來的人全部斬殺。但是這裡面並沒有信西，也沒有他的夫人。這位夫人非常聰明，靠著小小的身軀悄然脫身。信西也不是那麼好對付的，九日的中午，他遙望天空，預感到要有變故，就帶著侍從四人騎馬到奈良。在田原的山裡，他聽說了京中的騷動，就在山中挖了一個洞穴藏身其中，只留了根竹管來呼吸，讓人用板子蓋上洞穴，鋪上泥土。

追兵們聽說信西騎馬逃了，就追了過來。信西的侍從爬到樹上，等待天亮，卻聽到洞穴中傳來信西在念南無阿彌陀佛的聲音，又看到山腳下有火光往山上走。「這下不妙了，」侍從從樹上下來，對著洞穴說道，「請別念佛了！追兵來了。」然後又爬回樹上。追兵很快發現了洞穴，挖出來一看，信西已經自盡了，就把他首級帶了回去。信西膝下多子，每一個都才氣過人，一共十二人，都被流放到了各國。

信西是非常出色的人才。在保元之亂中，他的功勞是巨大的，決定了朝廷一方的策略，奪得了勝利。但是其殘忍冷酷的性格在戰後的處分中充分表露了出來。讓兒子去斬殺父親，讓外甥去斬殺叔父，讓哥哥去斬殺弟弟，踐踏人倫，在這點上他犯了大罪。因果輪迴，才享受了不過三年的榮華富貴，信西就迎來了如此悲慘的末路。

義朝離京

信西倒下了，信賴和義朝贏得了勝利，但他們倆能驕傲的時日也不長，因為清盛回來了。

他在熊野參拜的途中，聽聞京中發生兵亂，心裡忐忑不安，不知道該怎麼辦。因為他目前手上領兵不多，也沒有準備軍用物資。當時二十二歲的長子重盛，主張馬上回去討伐逆賊。清盛歎息道：「目前不是沒有軍用物資嗎？」家臣家貞說：「我自作主張帶了好些過來。」熊野的別當（長官）和紀伊國的豪族紛紛表示支持。於是清盛一行百騎餘人全副武裝，改變方向，匆忙向京中推進。他們在十二月十七日入京，即兵亂發生一周之後。

平家回到了京中，卻無從下手。因為敵方的信賴正守護著天皇與上皇，攻打信賴就會給天皇與上皇造成麻煩，所以清盛沒有出手。而信賴和義朝這邊也沒有動手，而是等待東國的源氏上京。就在這期間，十二月二十五日的晚上，二十三歲的藏人藤原成賴，悄悄把後白河上皇引領出來，巧妙地躲過森嚴的戒備，讓上皇進了仁和寺。同時，成賴的哥哥——檢非違使的別當惟方和大納言藤原經宗一起，把二條天皇打扮成婦人的模樣，助其從宮中逃脫。重盛前來迎接，把天皇迎入六波羅的平家宅邸。當然，這一切都是和平清盛事先商量好的。

一夜之間，形勢發生了一百八十度的逆轉。平家在自家宅邸保護天皇，清盛變成了官軍，而信賴和義朝的陣營裡面既沒有上皇也沒有天皇，一夜天亮，他們發現自己變成了賊軍，已經失去了依靠。平家攻打了過來，大將軍是二十二歲的重盛，他們兵分三路。出來迎戰的源氏大將軍是十九歲的惡源太義平，他無視別人，只以重盛為目標，直往前衝。義平要打重盛，重盛卻不去和他較量。在內裏的中庭裡，兩人繞著櫻木和橘木轉圈子，重盛策馬躲避，義平就追上去。就這樣追來躲去七八回，重盛抵抗不住義平的兇猛，就逃到門外去了。看到舉著紅旗逃走的平家，白旗的源氏就追了上去。源氏雖然人少，卻武藝高強。平家被追得幾乎要撤回六波羅了。這時，源賴政身為源氏卻加入了平家陣營。平家這邊由清盛代替重盛擔任指揮。源氏人數不多，若是義平疲憊了退下陣來，源氏就變為敗軍了。義平的父親義朝不願落到這一地步，想在這裡戰死，卻被家臣鎌田兵衛正清勸諫住了，決定先逃回東國。

聽說源氏戰敗逃走，兩三百比叡山的法師打算把源氏攔擊在埡口。義朝的叔父義隆被箭射傷頭骨身亡。義平的弟弟朝長被射傷左腿，他把箭拔了出來扔掉，繼續前進。義朝大怒，斬殺了七十多名山法師以示懲戒，法師們落荒而逃。

信賴本來想和源氏一起逃走，義朝卻不予理睬，把他趕走。信賴沒辦法只能回京向平家投降，但沒有得到原諒，在六條河原被斬殺了。此外還有六十多人被斬，也有不少人被流放。

此時，源義朝正逃往東國。他怕人多引人注意，就遣散了三浦、熊谷、平山、足立、金子等二十餘人，讓他們各自行動。和義朝一起的是其長子惡源太義平、二兒子中宮進朝長、三兒子兵衛佐賴朝，還有家臣鎌田正清、金王丸等，共約八人。這一行中最小的是十三歲的賴朝。他在京中已經惡戰許久，疲憊得在馬上睡著了，不知什麼時候就脫離了隊，等反應過來的時候已經是十二月二十七日的深夜了。賴朝別無他法，只能隻身一人來到守山的宿驛。宿驛的人聽到馬蹄聲都聚集過來，說如果是逃亡的人就抓起來。其中一人抓住賴朝所騎之馬的嘴，看到馬上是個少年，就想拖他下來。賴朝拔起身邊的名刀「纜切」，即刻砍過去。刀利，手也準，那個人的頭被劈成兩半，仰面倒下。這時又有一個男子出現，罵道「混帳！」又去牽了馬嘴。賴朝把這手給砍下了。這下誰都害怕得不敢去阻攔，賴朝好不容易追上了父親。

快到美濃的時候，雪變大了。義朝一行就扔掉盔甲，下馬步行。賴朝又跟不上隊伍，然而這次沒能再和父親見面。

義朝在青墓的宿驛裡休息，然後讓義平前往飛驒，自己則往東海道走了。他們商量好東山再起的計畫，暫時分開。朝長的傷勢愈發嚴重，危在旦夕，其父就動手了斷了其性命。

◎平家的全盛

義朝的孩子們

平治之亂，從平治元年（一一五九）十二月九日信賴和義朝的勝利開始，到二十六日以清盛的勝利結束。說是結束，被斬殺的只有信賴，義朝還活著，清盛是沒法安心的。他用盡各種方法去搜捕義朝和他的孩子們。平治元年結束，開年就是永曆元年。

義朝帶著少數人馬，二十九日到達了尾張知多郡野間的內海。這裡的豪族長田莊司忠宗是源氏的家臣，亦是現在在義朝身邊的鎌田正清的岳父。

「我急著趕路，趕緊給我馬！」義朝催促說。

忠宗卻挽留義朝：「至少在這裡度過正月三日吧。」

義朝當真了，就留了下來。長田忠宗表面上歡迎義朝，背地裡卻和兒子景宗商量要設計殺害義朝，跟平家邀功請賞。正月三日，長田讓義朝入浴，讓鎌田到別的房間去喝酒。一個大力士和兩個箭術高強的人一起去浴室偷窺，看見金王丸拿著刀在一邊守護，沒辦法下手。義朝入浴完畢，金王丸就叫道：「把浴衣拿來。」卻沒有人回應。金王丸就自己去拿了。這三人伺機進入浴室，義朝了刺殺。金王丸跑回來看見這一切，罵著：「你們這些可恨的傢伙！」把三人斬殺。鎌田也被殺害了，只剩下金王丸和玄光法師，殺出一條血路，拉出馬匹，為了不讓敵人看到自己背後，就倒著騎上馬離開。義朝三十八歲，鎌田正清也是三十八歲，這結局實在令人悲哀。不，鎌田是讓人悲哀的，義朝不同。他在保元之亂中斬殺了父親和弟弟，靠斬殺親人得到的榮華富貴才不過三年。而今，自己好歹是個武將，卻赤身裸體地被無名無姓的無賴給刺死了。

長田忠宗父子帶著義朝的首級上京，首級被掛在了獄門。忠宗得封壹岐守，景宗得封兵衛尉。貪得無厭的兩人對此感到不滿。忠宗強烈要求，要麼接替義朝出任左馬頭，獲賜播磨國，要麼就獲賜美濃、尾張兩國。平家的家臣筑後守家貞聽了這話大發雷霆：「殺了主人和女婿來邀功請賞，真是膽大包天。真想把他們的二十根手指分二十天給剁下來，最後再把腦袋鋸下來！」這雖然被清盛制止了，但聽到風聲的長田父子感到弄巧成拙說不定還有危險，就逃回尾張了。

義朝被殺了，但是還有義平和賴朝，以及另外幾個年幼的孩子。平家沒法安心，想方設法逮捕他們。先被抓住的是義平，義平遵照父親吩咐來到飛驒召集兵士，好不容易招來的兵士聽到義朝被殺以後就都散去了。義平變成隻身一人，他悄悄上京，打算殺了清盛或重盛以掃心中之恨，在京中等待機會。但行跡被發現了，義平被抓後，在六條河原被處死。

賴朝的情況又如何呢？和父親一行走散後，他在雪中彷徨，得到了別人的救濟和掩護，來到關之原時被人發現，隨後被捕。命運真是不可思議，發現賴朝的是個好人，他是尾張守平賴盛的侍者——彌平宗清。賴盛是清盛同父異母的弟弟，賴盛的母親池禪尼，是忠盛的後妻、清盛的繼母。池禪尼心裡一直不能放下早逝的兒子家盛（賴盛的哥哥），而家盛跟賴朝非常相像。賴朝今年十四歲，處事冷靜，彬彬有禮，容貌端正，舉止沉穩。禪尼對他有著深深的同情，想要救他一命，以緬懷家盛。剛開始清盛不願意，但最終還是順從母親的意願，赦免了賴朝的死刑，把他流放到伊豆國去了。

這樣一來，源氏似乎已經被剷除乾淨了，但還有三個年幼的男孩。最大的今若丸時年八歲，中間的乙若丸六歲，最小的牛若丸兩歲。他們的母親常磐帶著他們逃出京，藏身在大和的山裡。平家把常磐的母親抓了起來拷問。母親堅絕不鬆口：「我自己已經是老人，能夠為了救自己這把老骨頭而去犧牲孫子們的性命嗎？」常磐知道母親被拷問後很悲傷，為救母親，她兩手牽著年長的兩個孩子，把最小的裝在懷裡，冒雪踏上大和路回到京裡，來到六波羅。最後，三個孩子得救了，但條件是要讓他們三個出家，寄養在不同的寺院中。

清盛害怕的是義朝和他的孩子們，既怕十四歲的賴朝，甚至也怕兩歲的牛若丸。清盛本來要把他們全給斬了，不可思議的是賴朝得救了，牛若丸也得救了。這件事要等到二十多年後才有結局。

平家一門的榮華

保元之亂讓世間全變。亂前，藤原氏幾乎佔有絕對的優勢，掌握著權力，享盡榮華富貴。而保元之亂一起，藤原氏明顯沒有辦法鎮壓，權力自然就掌握在挺身而出、流血犧牲、平定紛亂的人的手中。這就是平清盛和源義朝。源平兩氏替代了藤原氏，成為時代的主角。然而這兩家並不安穩。有句話叫「一山不容二虎」，源平兩氏是競爭對手，互不服輸。這爭鬥演變成平治之亂，源氏完全敗下陣來。賴政雖然保住了性命，卻向平氏低頭屈服。如此一來源氏的主流可以說是全軍覆沒。所以說源平二氏兩立，就是從保元到平治的三年之間。平治之後就是平家全盛的時代，已經完全沒有人能和其競爭。

話說平清盛發跡的勢頭如同日出一般。永曆元年（一一六〇），清盛四十三歲，因戰功得封正三位，稱為參議，四十五歲的時候成了權中納言，四十六歲成了從二位，四十八歲成了權大納言、兵部卿，四十九歲成了內大臣，五十歲成了從一位太政大臣。平治之亂後，他一帆風順，最終得以位極人臣。

不僅是清盛本人，其長子重盛因保元之功得任左衛門佐，兼任遠江守；因平治之功得任伊予守，兼任左馬頭；長寬元年升為從三位，時年二十六歲；次年升正三位，永萬元年成為參議，仁安元年成權中納言，時年二十九歲；次年升權大納言，安元元年任大納言，治承元年升為內大臣，時年四十歲。

《平家物語》裡對平家當時的勢力強盛是這樣敘述的：

> 集眾望於一身，草木披靡。如同天降甘霖，世間皆對其敬仰。六波羅殿一家的子弟，皆是名門貴族和英雄，無人能與其並駕齊驅。入道相國的舅子平大納言時宗卿道：「非此一族之人，皆非人也。」如此一來，世人紛紛攀附平家。從烏帽子的折法，到衣著花紋的繪法，只要一說是六波羅風的，世人皆效仿。

清盛召集了三百名十四五歲的少年，讓他們理成童髮，穿上「直垂」[10]，派他們在京中走動，讓他們報告一切背地裡說平家壞話的人。這些說了平家壞話的人都被狠狠地處分了。

《平家物語》還寫道：入道相國並非只富貴自身，其一族皆得繁榮。嫡子重盛任內大臣左大將，次子宗盛任中納言右大將，三兒子知盛任三位中將，娣孫維盛任四位少將，平家一門中，位及公卿者達十六人，三十餘人為殿上人，再加任諸國的受領、衛府、諸司，總共六十餘人。世人以為，政界中皆是平家，已無他人。清盛的父親忠盛，到了三十六歲的時候才被准許「升殿」[11]。人們厭惡忠盛，說他狂妄僭越。而現在他的孫子卻成了大臣，當了大將，兄弟伴隨其左右，真是不可思議。

不單單是男子個個出仕，清盛的女兒盛子成了攝政近衛基實的夫人，地位相當於高倉天皇的母親；清盛的女兒德子當了高倉天皇的皇后，被稱作建禮門院，建禮門院生下安德天皇之後，平家的榮華可謂達到了頂峰。

10 平安時代末期武士的日常裝扮，鎌倉時代人們出仕幕府的正式裝扮。——譯者注

11 指進入宮中的清涼殿，也指到上皇的院中、皇后御所、東宮等進見之事。被允許「升殿」之人被稱作「殿上人」。——譯者注

鹿之谷的陰謀

清盛也好重盛也罷，他們都手腕了得，也有膽量。這兩人在保元和平治兩次戰亂中都立下了大功，飛黃騰達是理所當然的。但是他們陶醉在勝利之中，失去了自製，一家一族全部霸佔了名譽和權力，侮辱、打壓別的家族。正因如此，很多人憤憤不平、心懷怒氣。

其中最恨平家的是西光，他是在平治之亂中喪命的信西的侍者左衛門尉師光，出家後改名西光。以他為首，權大納言藤原成親、平康賴、俊寬等人聚集在鹿之谷，商量打倒平家。很多人都贊成、支持這一行動，但是其中有人倒戈，向清盛告了密。清盛立刻召集士兵，於治承元年（一一七七）六月一日，把參與這次陰謀的人一個個抓了起來。清盛特別憎恨西光，踩著他的臉罵道：「實在太放肆！」而西光卻絲毫不畏懼，罵了回去：

我可要說些您不愛聽的話了。別人的事情我不清楚，可據我西光所知，您剛才說的那話可是沒道理的。當了殿上人卻不被世間認可之人的子孫[12]，現在居然當上了太政大臣，這才是放肆。

清盛怒火沖天，氣得說不出話來。西光被處死了。

大納言成親被流放到備前，還有很多人都遭到流放，其中藤原成經、平康賴、俊寬三人被流放到遙遠的鬼界島。第二年，成經和康賴得到大赦，回到了京中。但清盛特別憎恨俊寬，唯獨沒有赦免他，俊寬死在了島上。

俊寬去世是在治承三年（一一七九）九月，在此前，七月二十九日，攝政基實的夫人盛子去世了。當時是後白河法皇實行院政，他把盛子和重盛的遺產回收給朝廷。如此一來，從鹿之谷事件以來一直心有怒火的清盛大發雷霆，於治承三

12 作者省略了這一句話之前的部分內容。西光對於平清盛的飛黃騰達表示不屑，在他看來清盛的出身和他是一樣的。據《平家物語》記載，西光還罵道：「您是故刑部卿忠盛的養子，到了十四五歲也沒能出仕，在故中御門的藤中納言家成卿的宅邸出出進進，還被京中的年輕人們嘲笑是『高平太』。然而到了保延的時候，您父親拿下了海賊的頭目三十多人，作為賞賜，您就得升了個四位，叫作四位兵衛佐。就連這點都被當時的人認為賞賜太過。」——譯者注

年（一一七九）十一月，靠武力廢除了院政，決定大規模更替朝臣。具體來說，第一，將後白河法皇幽禁在鳥羽殿；第二，將關白藤原基房流放到備前，讓二十歲的藤原基通做關白；第三，將太政大臣藤原師長流放到尾張。除此之外，還有不少的人被免官、流放。《平家物語》中寫道：「以關白為首，太政大臣以下的卿相雲客[13]四十三人被免官、幽禁。」

平治之亂平定後的二十年間，平家一門的榮華雖說讓人看不下去，但至今為止都依靠著清盛和重盛的實力與命運，不能一概說是壞事。然而他們的權力日益增長，為所欲為，終於發展到了軟禁法皇、流放關白的地步，不得不說平家已經完全走上了邪路。

治承四年（一一八〇）二月，二十歲的高倉天皇，沒有生病卻退位了。繼承皇位的是才三歲的安德天皇。《平家物語》記載，「這也是因為入道相國掌控一切、為所欲為」，「被傷了心的人們，紛紛落淚」。

很明顯，天皇讓位是被清盛強迫的。背離臣道的清盛必須擔起這罪過，而奮起討伐清盛的人到底是誰呢？

源三位賴政

「木之下」

平清盛權傾一時，幽禁後白河法皇，放逐關白，高倉天皇在歎息中讓位給了安德天皇。無法容忍這一切、決定討伐平家的，是法皇的第二皇子高倉宮以仁王。作為參謀，在絕密狀態下制訂計畫的人，是源三位賴政。賴政在保元之亂和平治之亂中都站在平家一方，所以源氏中只有他一家存活了下來。但是，平家享盡了榮華富貴，賴政卻完全不得志。二條天皇在位的時候，賴政負責御所的警衛，然而，也只讓他在庭院附近守衛，不允許他上殿。賴政悲歎無比地作了這樣

13 卿相，即卿（三位以上的官與四位的參議）和相（大臣）；雲客指殿上人。——譯者注

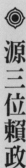

一首歌：

人知れぬ　大内山の　山守は

木隠れてのみ　月を見るかな

（此身守護大內，無人認同。只能作為地下人，空度年華。）

天皇聽說後，就允許他上殿。治承二年（一一七八）十二月，就連清盛也同情賴政的不得志，對自己一家的榮華富貴感到不安，特別推薦賴政升為從三位。清盛認為，這時賴政已經年過七十，還生了病，讓他就這樣終其一生，實在是太可憐了，就強烈地推薦了賴政。世間都對此事非常吃驚，甚至評論說「此乃世間第一稀奇事」。說起來也是，這個時候的公卿裡平家就占了下面這些位子：

清盛（六十一歲）前太政大臣，現今出家，取名靜海

重盛（四十一歲）內大臣

宗盛（三十二歲）權大納言
時忠（四十九歲）權中納言
賴盛（四十六歲）權中納言
教盛（五十一歲）參議
經盛（五十五歲）正三位
知盛（二十七歲）從三位

這裡面沒有一個是清和源氏，不是沒有人出仕，而是要麼被殺了，要麼被流放了。說起賴政，他的功績雖然比不上清盛，但也僅次於清盛，年齡也比清盛大十歲以上，是清盛的前輩。他一直都被打壓，甚至還被人說「不是平家的，就不是人」，人們都認為，源氏永遠不可能有出頭之日了。

清盛推薦賴政升為從三位，賴政應該是感謝他的。從此以後，人們稱呼賴政為「源三位」，他在治承三年十一月出家之後，就被稱作「源三位入道」。四位和三位之間的差距是非常大的，賴政想必也把這當作是一代的光榮，非常高興。

然而，意外卻發生了，賴政積累已久的憤怒被激了起來。他的長子伊豆守仲綱有一匹舉世無雙的名馬，該馬的馬毛是鹿色的，名叫「木之下」。平宗盛一直很想要這匹馬，常常讓仲綱給他，仲綱拒絕道：

恋しくば　来ても見よかし　身にそふる
かげ[14]をばいかが　放ちやるべき
（若是中意這馬，請前來觀賞。此馬和我形影不離，怎能拱手相讓？）

作為父親的賴政聽聞此事之後說道：「對別人如此執著的東西，太過珍惜不好。」勸說仲綱送給宗盛。仲綱沒辦法，遵從父親的意思把馬送給了平家。然而，宗盛很生氣，覺得仲綱沒腦子，自己說想要的時候也沒給。他把馬的名字改作「仲綱」，在馬的屁股上烙上「仲綱」的印子。別人跟他說：「讓我看看那傳說中的名馬。」他就命令下人說：「把仲綱這傢伙安上馬鞍，拉出來！」仲綱知道後，大發雷霆。賴政也說道：「平家的人定會取笑我們說『反正他們什麼都做不成』，既然如此，留著這條命也沒什麼價值了！」

賴政決定討伐平家，於是前去拜見了高倉宮，親自做了參謀長，制訂計畫。

討伐平家的令旨

治承四年（一一八〇）四月九日，討伐平家的令旨下來了。把令旨秘密傳達給諸國的源氏和其他有勢力的武士的是源為義的末子，也就是八郎為朝的弟弟——十郎義盛。他被任命為藏人（也就是秘書官），改名行家。他把令旨放在懷中，前往東國。因為義盛在此之前在紀伊的熊野新宮待過，所以把一直保密的討伐之事洩露給了熊野。熊野有「三山」，分成本宮、新宮和那智。本宮的別當知道後，想為平家立功，就率兵一千多攻打新宮。新宮和那智聯合起來有兩千多人

14　歌中的かげ，是「影」和「鹿毛」的雙關（日語中「鹿毛」和「影」都念「かげ」）。——譯者注

來迎戰，本宮戰敗了。別當馬上派使者去通報了京中的六波羅。

六波羅這邊接到報告的是宗盛。他吵吵嚷嚷地報告給了父親清盛。清盛當時在福原（神戶），一聽這事馬上趕回京，下令：「把高倉宮給抓起來，流放到土佐去！」而接了命令前往高倉宮御所的是源兼綱和源光長。兼綱是源三位賴政的次子，而賴政是以仁王計畫的參謀長，所以說作為次子的兼綱不可能跟這事情沒有關係；然而清盛對此全然不知，還派兼綱去做討伐的司令官，不得不說是老糊塗了。

兼綱接到命令後，一邊做前往御所的準備，一邊偷偷派人通知父親。賴政匆匆忙忙派使者給高倉宮，勸他：「請馬上到三井寺去！」皇子為了避人耳目，換上了婦人的裝扮離開御所，順利到達三井寺。

負責留守的是皇子的侍者長谷部信連，他穿著淺藍的狩衣，裡面圍著萌黃威的護腹盔甲，佩戴大刀，把三條大路的大門和高倉面的小門都敞開著，等待攻來的人。五月十五日，天色暗下。子時，即夜裡十二點，三百多騎兵攻打過來，包圍了御所。兼綱另有所思，在離門很遠處就勒馬了。光長騎著馬進入門內，大聲叫道：「聽聞皇子謀反，特來迎接。」

信連回答說：「皇子不在。」

「還有這事?來人啊，給我搜！」光長下令。信連大怒：「騎著馬入門，竟如此無禮。還口出狂言，我乃長谷部信連，爾等膽敢靠近胡為！」

光長這邊十四五個兵士，用大刀和長刀砍了過去。信連拔出大刀迎戰。兵士不敵，很快逃跑了。十五日的月亮是滿月，月亮從雲層中出來照亮了御所。信連借此奮起砍殺，打倒了十四五人；但寡不敵眾，他的大刀斷了，還受了傷，最終被活捉。到了六波羅，清盛和宗盛把信連帶到庭中審問。

「為何抵抗奉敕命之人?」

「聽聞近來有山賊，假奉敕命強闖，吾以為一定是山賊。」信連回答說。

清盛佩服這人的勇氣，便饒過他一命，將其流放到伯耆的日野。後來到了源氏統治的時代，賴朝讚賞信連的武功，賞了他能登國的領地。這名譽傳承給了子子孫孫，直到後世。

賴政自盡

皇子來到了三井寺。源三位入道賴政帶著長子伊豆守仲綱和次子兼綱，一共三百多騎，把自己的宅邸一把火燒了，前往三井寺保衛皇子。三井寺把事情告訴了比叡山與興福寺，請求援軍。但比叡山從前就和三井寺不和，又受到平家的照顧，就沒有理會。興福寺雖然是贊成的，但出兵費時，沒能趕上。三井寺要獨自和平家作戰的話，只能夜襲。雖然計畫定下了，然而出兵時天卻亮了，不得不中止計畫。眼看沒法依靠三井寺了，二十三日的黎明，皇子離開了這裡，在賴政一門和三井寺年輕眾僧徒的陪伴下前往奈良，這一行約一千人。而皇子已經非常疲憊了，就在宇治的平等院稍作休息。就在這期間，六波羅的追兵得到消息，追了過來。大將軍是平知盛、重衡、行盛、忠度，侍大將是忠清、景家、景清等人，他們領著大軍前往宇治。

兩軍隔著宇治川對峙，五智院的但馬、筒井的淨妙等人過橋浴血奮戰，但平家的軍隊最終還是騎馬攻過了河。賴政和仲綱已經做好戰死的準備，故意不穿盔甲，輕裝奮戰。敵人已經攻入到了平等院的門內。兼綱被殺死，仲綱自盡。賴政膝蓋中了箭，身負重傷。他讓皇子逃到奈良，自己在平等院自盡了。賴政臨終留下的歌膾炙人口。

埋れ木の　花咲く事も　無かりしに
身のなるはてぞ　悲しかりける
（老夫一生如同陰沉木般，湮沒無聞，未曾開花。在這最後一刻，也還是如此淒慘。）

在激烈的戰鬥中，特別是要切腹的最後時刻，竟會作歌，這也許讓人覺得不可思議。然而賴政本來就是熱衷於和歌的人，而且也擅長詠歌。特別是下面這幾首，特別打動人心。

深山木の　その梢とも　見えざりし

桜は花に　あらはれにけり
（深山之中的樹木，都看不見梢。而櫻木的梢，花一開便可知曉。）

庭の面は　まだ乾かぬに　夕立の
空さりげなく　澄める月かな
（庭院還沒乾，而下了驟雨的天空卻如此晴朗，還有那清澈的月亮。）

尤其是下面這首，既有武將的風流與柔情，又不失英勇，在賴政的家集中也是代表之作。

花咲かば　告げよといひし　山守の
来る音すなり　馬に鞍置け
（久盼的花開的消息來了，裝上馬鞍出發。來告知我山中櫻花已開的，也是騎馬的武者吧？）

另外，在百人一首中，想必大家知道這首歌吧。

わが袖は　潮干に見えぬ　沖の石の
人こそ知らね　乾く間も無し
（我的衣袖，就如那連退潮時也看不見的岩石。他人也許不知，它已被淚水打濕，無法乾去。）

這首歌的作者正是賴政的女兒——二條院讚岐。

◎平家逃離京城

遷都福原

源三位賴政一家在宇治平等院全軍覆沒。從結果來看，這是徹底的敗戰，然而賴政他們奮戰的樣子令人吃驚。為了讓皇子逃到奈良，賴政僅靠五十騎兵抵擋平家的大軍，不畏死亡，全體奮戰，讓敵人喪了膽。特別是賴政的次子兼綱，他射箭殲敵數量最多。平家雖然獲勝了，但看到源氏一族如今還是如此英勇，大吃一驚。逃到了奈良的高倉宮以仁王，受到了興福寺僧兵的迎接，卻在最後一刻中敵流矢而亡。然而因為此事被嚴格保密，故平家未能確認皇子是否去世，為此頭疼不已。

保元、平治之亂後，存活在京中唯一的源氏就是賴政。而這賴政一家，在治承四年（一一八〇）五月二十六日，全部喪命於宇治。說起源氏一族還剩下誰，賴朝被流放到了伊豆，義仲躲到了木曾，義經藏身在平泉，主要就剩這三人，其餘只有範賴等賴朝的幾個弟弟，失散在全國各地。這些人都是平治之亂的漏網之魚，臨危撿回一條性命，逃避在各個地方。即便如此，平家還是深切感受到了源氏一族的強大，覺得不得不防。如果比叡山、三井寺，再加上興福寺的眾僧徒和源氏聯合起來，事情就大大不妙了。於是平家決定把都城遷到福原去。

福原從前就有清盛的別墅。說起福原，大家可能不太熟悉，其實就是神戶。清盛以前擔任過安藝守，修了嚴島神社，建了壯觀的社殿，還曾在這裡迎接過天皇。他特別熱衷於和大宋進行貿易，非常青睞船隻來往頻繁的神戶。而今，如果源氏和僧兵舉兵，便可從比叡山和奈良輕易攻打到京都。清盛認為，若要避免這種情況發生，乾脆就遷都到福原去。此時的右大臣是藤原兼實，關於遷都一事，清盛卻完全沒有找兼實商量過。這一切都是由清盛入道一個人決定的，而且事發突然，大家都沒來得及做準備，立刻就決定行動了。六月二日，安德天皇、後白河法皇、高倉上皇，從京都乘車前往福原。天皇前往賴盛的住宅，上皇到了清盛的別墅，法皇則去了教盛的宅邸，然而侍從們沒有住處，頭疼不已。

賴朝舉兵

平家的注意力都集中在遷都上，福原因都市規劃而一團糟，而此時，各國的源氏都在準備舉兵，其中勢力最強的當屬賴朝。賴朝雖然是義朝的第三個兒子，但其氣量勝過了哥哥義平和朝長，所以父親也就特別寵愛他，把八幡太郎義家以來只傳家族繼承人的盔甲「產衣」和大刀「髭切」給了賴朝。平治之亂時，賴朝十三歲，穿著這盔甲，佩戴著這大刀，騎著栗色的馬出陣。前面已經說過，賴朝戰敗逃亡到東國的時候，由於疲憊而和父親一行走散，落到了平家的手中，但因清盛的繼母池禪尼得救一命，被流放到了伊豆。

被流放到伊豆後，賴朝待在蛭之小島上，離韭山頗近。這一帶大概因為狩野川經常氾濫，地形變化，中洲一帶蘆葦繁茂，把被流放的人放在這裡是為了讓周圍的豪族監視吧。賴朝安頓在這裡是永曆元年（一一六〇）的事情，那時他十四歲，到現在已經二十年了。他忍受著貧苦和侮辱，韜光養晦。治承四年（一一八〇）四月二十七日，源行家意外來訪，帶來了高倉宮以仁王的令旨。賴朝整理衣裝，遙拜男山八幡宮，接下了令旨。而行家還要趕去聯絡甲斐、信濃各國的源氏族人，即刻離去了。

賴朝當時和北條時政的女兒政子成了親，住在北條。他接到令旨後，就先找了時政商量。這期間他收到了在京都的三善康信的聯繫：「宇治一戰之後，平家有計劃要討伐全國各地的源氏，請多注意！」既然如此，就在敵人攻來之前舉兵吧。賴朝派藤九郎盛長作為使者，召集源氏世代的御家人。八月十七日晚上，賴朝首先殲滅了山木兼隆，二十日，離開伊豆前往相模國的土肥，二十三日到達石橋山。此時，賴朝聚集了北條、土肥、岡崎、佐佐木等共約三百騎，三浦那邊的人已經出發了，但還沒到達。賴朝的兵還沒完全到齊，大庭景親等平家三千多騎精兵已經很快攻到了石橋山。戰鬥在二十三日夜晚的風雨中進行。源氏的兵力僅是平家的幾分之一，終於還是敗下陣來，賴朝逃到了山裡面。平家的追擊非常迅速，然而，梶原景時明明知道賴朝的藏身之地，卻巧妙地把景親引到了別的地方去，使賴朝得以脫險。此時梶原尚屬平家陣營，後來追隨源氏，並得到重用，就是因為這次事情。

八月二十日，賴朝乘小舟，從土肥的真鶴崎渡海，在安房上陸，然後派使者去命令關東的豪族們迅速來助。見到使者的千葉介常胤，激動不已，喜極而泣，率領一族前去相迎。石橋山戰敗後，險中撿得一命的賴朝得到了千葉介的相迎，手下兵士達到了三百。

這時候，上總介廣常帶著兩萬大軍前來。賴朝見之，非但不喜，反而責備其來得太遲，甚為惱怒，這令廣常大為吃驚。按現在這形勢，平家全盛，賴朝是被流放之人。一個被流放的人要舉兵去和全盛的清盛對決，如果不是氣量超群、古今無雙的英雄，是不可能成功的。廣常心想著，先探探賴朝是個怎樣的人物，如果是凡夫俗子一個，就馬上把他殺了獻給平家。然而賴朝對著這兩萬大軍，既不高興，也不害怕，還訓斥廣常說：「為何如此磨蹭，來得這麼遲？」廣常吃了一驚，佩服賴朝是個了不起的武將，這才對賴朝服服帖帖。

賴朝出發來到了武藏，迎接他的是豐島清光、葛西清重、足立遠元等人。八月還跟隨平家的畠山重忠、河越重賴、江戶重長，也變成了源氏一方的人，迎接賴朝。賴朝派畠山打頭陣，進入相模國的鎌倉，在此修建宅邸。

這時，賴朝率領的千葉介常胤、上總介廣常、畠山重忠，原皆在平氏麾下。不單如此，就連賴朝最大的靠山北條時政、三浦義澄、梶原景時，也曾效忠平氏。這些豪族都效勞過賴朝的祖先賴義，還有其兒子義家，都敬慕源氏的武略和為人，成為他們的家臣。正因為如此，賴朝才能指揮、號令這些平氏的豪族。也因為有這些淵源，千葉介常胤在迎接賴朝派來的使者的時候，才會感動得泣不成聲，說不出話來。

賴朝選鎌倉作為根據地，是因為此地自賴義和義家始便與源氏有著很深的淵源，父親義朝也曾在這裡建過宅邸。賴義將石清水八幡宮迎到此地，在鎌倉的由比建造了神殿，義家也修復過這神殿。賴朝來到鎌倉後，馬上把這八幡宮遷移到小高山上莊重地祭祀，這就是所謂的鶴岡八幡宮。

十月十五日，賴朝入住剛建好的邸宅，十六日參拜了鶴岡八幡宮，即日就向駿河出發了。這是因為得到消息說，平維盛領著大軍，攻向了東海道。這平家到底都在忙些什麼？宇治一戰是五月份的事情，石橋山之戰是八月，而賴朝在九月就控制了房總半島，十月上旬來到了武藏，向相模進軍。而平家就這樣眼睜睜地錯過了這一切，九月中旬任命追討使，讓清盛的嫡孫少將維盛擔任總指揮，派薩摩守忠度和三河守知度輔佐其左右，率五千多騎大軍從福原出發，這是九月二十一日的事。他們二十三日進入京中，又待了好些日子，二十九日的早上從京出發，十月十八日來到富士川。不得不說這樣的應戰極為遲鈍，行動極為緩慢。若是乘著石橋山的勝利追擊，關東的過半豪族都會跟隨平家吧。然而，就在這兩個多月，源氏的勢力變得決定性地強大起來。有句話叫兵貴神速，而身為追討使的平維盛的行動卻與這話恰恰相反。

富士川的合戰

源平兩軍隔著富士川對陣。平家的侍大將上總守忠清，抓了從常陸來的源氏的下人，問他源氏有多少兵。這下人回答說：「七八日之間，這山野河海，一下子全都是武者。昨日在黃瀨川聽人說，源氏一共有二十萬騎。」

忠清聽了，悲歎道：「唉！真悲慘。京中的大將軍[15]悠閒自在，出手緩慢，真是可惜了！要是早一日下手，大庭兄弟和畠山等人，肯定會來加入我軍的。只要他們加入，伊豆駿河的人也都會來助陣。」

總司令官維盛，召來齋藤別當實盛，問道：「關東有多少像你這樣的強弓手精兵？」實盛說：「我這樣的根本不算什麼，比我厲害的強弓手大有人在。一般稱得上大名的，手下基本不會少於五百強弓手。」他又道：「關東武士只要上了馬就不怕摔下來。即使奔馳在險峻之地，馬也不會倒下。只要戰鬥開始，就算父

15　指平宗盛。——譯者注

親被擊倒，兒子被擊倒，也全然不顧，只會越過那屍骸，繼續戰鬥。」

聽到這些後，平家的士兵都戰戰兢兢。就這樣，平家的陣營裡彌漫著膽怯之風。就在這時，十月十八日的夜裡，甲斐源氏武田信義在繞到平家陣營後方的時候，驚到了富士川的水鳥，水鳥一時全部飛了起來。本來就害怕得不行的平家士兵看到水鳥飛了起來，誤以為是敵人的夜襲，都爭先恐後地逃走了。

兵士們陷入了極度恐慌。拿弓的人丟了箭，拿箭的人丟了弓，自己的馬被別人騎了，就騎上了別人的馬。有的馬是連著一起的，就只能一圈圈地繞著馬銜打轉。

源氏攻打過來的時候，據說平家的陣營裡面一個人都沒有。維盛出征的時候帶領的五千多騎都散得七零八落，只剩不過十騎回到京裡。清盛聽到後大發雷霆：「既然身為追討使，就應該獻身給君主與國家，戰死不丟人，不知廉恥地跑回來才是恥辱！早早地在半路去哪裡都好，絕不能回京！」不愧是身經百戰的武將，說的話都不一樣。

清盛之死

清盛嘴上說著硬話，氣勢卻下去了。富士川戰敗一個月後，清盛放棄遷都福原，又回到了京都。十二月十八日，他把政權交還給了後白河法皇。

治承四年六月初的時候，平清盛獨斷地從京都遷都到福原。人們內心都是強烈反對的，但因為懼怕平家，雖不情願也只能遷去了福原。《平家物語》中有這樣的描寫：戶戶緊挨的人家日漸荒廢。房屋拆卸後被扔到賀茂川[16]和桂川，綁在筏上，家裡的財物堆到了船上，運往福原。花之都就這樣完全變成了一副鄉下模樣，真是可悲。不知道是誰，在舊都內裏的柱子上寫下了兩首歌：

16　即鴨川。——譯者注

百年を　四返りまでに　過ぎ来にし
おたぎの里の　荒れや果てなん
（四次百年輪迴，一直是首都的故里愛宕，現今要荒廢了吧。）

咲き出づる　花の都を　ふりすてて
風ふくはらの　末ぞ危なき
（捨棄這花之都，而將首都遷到淒風陣陣的福原，未來讓人擔憂。）

這生動地再現了那時的狀況。八月中旬的時候，左大將德大寺實定為了看到舊都的明月，從福原回到了京都。《平家物語》也描寫了當時的情景：

一切都變了樣。偶爾見到有人家，門前的雜草很深，庭院被露水打濕了。雜草長得如同杣山一樣，白茅長成了原野，荒涼得好似鳥的棲息之地，幽怨的蟲聲陣陣，已經變成了黃菊紫蘭[17]的原野。能讓人依稀回憶起昔日都城的影子的，只剩近衛河原御所裡的大宮[18]。大將前往其御所。（中略）懷舊許久，天也漸漸亮了起來。看著這舊都的荒涼之景，大將唱起了今樣[19]：

旧き都を　来て見れば
浅茅が原とぞ　荒れにける
月の光は　隈なくて
秋風のみぞ　身にはしむ

（來到這舊都一看，白茅已長成原野，一片荒涼。月光遍地，秋風滲入身裡。）

從這一描述大抵可以推測京中是多麼荒涼。京都的荒廢，全都是清盛一手造

17　即秋七草。——譯者注
18　指太皇太后多子，實定的妹妹。——譯者注
19　平安末期大為流行的一種詩歌類型。——譯者注

成的。人們埋怨，憤怒。這一切清盛也一定有所耳聞。於是，十一月初的時候，清盛看到被富士川的水鳥驚嚇的維盛帶著不到十騎的人垂頭喪氣地回來，便放棄了在福原建都的想法，決定把都城遷回京都，以緩和世人的不滿，並在十一月二十六日就行動了。然而京都卻已經荒廢得厲害，人們在感到喜悅的同時，也憤憤不平。

清盛先是在治承三年（一一七九）十一月的時候，不滿後白河法皇的院政，把法皇幽禁在鳥羽殿，廢除了院政。然而他的擅自執政非但不順利，還演變成巨大的失敗，只好請求法皇像以前那樣實行院政，這是治承四年十二月的事情。清盛本人也許覺得自己的責任輕了一些，然而他的罪過沒有消失，問題愈發嚴重了。

接下來發生的是火攻奈良。奈良有興福寺和東大寺兩個大寺院，其武力可與比叡山和三井寺相比。自從奉高倉宮之命討伐平家，源三位賴政戰死之後，這兩個寺院的態度也絲毫沒有改變，反抗的聲勢越來越高漲。於是，治承四年年末，清盛派頭中將（中將，被任命為藏人頭）重衡做大將軍，討伐興福寺和東大寺。

重衡是清盛的第五個兒子，重盛和宗盛的弟弟。重盛一年前病逝，現在還活著的兄弟中，重衡是優秀的人物，在攻打奈良時，英勇奮戰，擊退僧兵，攻下了兩座城池。到這為止一切還是順利的，然而到了夜裡，因為太暗，重衡下令點起火，兵士們就向民家放了火。正當那時刮起了強風，火被風煽動燒了許多寺院。興福寺起火了，東大寺也起火了。更嚴重的是，東大寺的大佛殿也燒了起來，大佛的頭都給燒掉了。這可不單單是寺院被燒了。人們覺得寺院裡面安全，就跑進來避難，結果和寺院一同化為灰燼。

一算這在火焰中喪生的人數，大佛殿的二樓上有一千七百多人，山階寺（興福寺）有八百多人，某間堂裡有五百多人，另一間堂裡又有三百多人。全部算下來，有三千五百多人。

這發生在治承四年（一一八〇）十二月二十八日的夜晚。重衡戰勝歸京，然而高興的只有清盛一人。

開年便是養和元年（一一八一）。全國各地都人心惶惶。平家不知道應該先進攻哪裡，彷徨不決。正當此時，作為關鍵人物的平清盛卻病倒了。他自二月底以來一直發高燒，痛苦不已。閏二月四日，清盛去世，時年六十四歲，他臨終之前留下遺言：

我自保元、平治以來，為後白河效忠，多次鎮壓朝敵，受到無上的賞賜。身為天子的外戚，誠惶誠恐。升及大臣，子孫榮華。現今已無奢無求，但有一事未了，沒能看到被流放到伊豆的賴朝的首級，實在遺憾！我死後，無須建立堂塔，無須祭奠。即刻派兵，將賴朝首級提來我墓前！這就是最好的祭奠。

木曾義仲

很快，源行家帶著尾張和三河的兵封鎖了東海道。平重衡、維盛、通盛等人一起進攻行家，三月十日在墨股河合戰中擊退源氏。牛若丸的哥哥乙若丸，出家後叫作義圓，在這場戰鬥中陣亡。平家難得打勝一次，卻沒有追擊，而是回到了京中。

這時，北陸風雲驟變，木曾義仲攻向京都。義仲是源義朝的弟弟義賢的兒子，相當於賴朝和義經的堂兄弟。兩歲的時候，父親被外甥惡源太義平殺害，義仲也一時生命垂危。這時，齋藤別當實盛把他藏了起來，送到了信濃的木曾，請求中原兼遠保護義仲。義仲漸漸長大成人，悲歎源氏的衰退，對平家的專橫感到憤怒。治承四年，義仲收到了高倉宮以仁王的令旨，非常高興地舉兵了。他引領信濃、甲斐、上野、下野的源氏，攻入越後，以破竹之勢進攻北陸道。

平家任命清盛的嫡孫維盛做大將軍，維盛就是那位在富士川被水鳥給嚇跑的人，但不管怎麼說他也是平家一族的嫡系，就重新被任命為大將軍，通盛、經正、忠度、知度等人作為副將軍輔佐他，共約四萬多騎兵。他們平定了越前和加賀，進軍越中。壽永二年（一一八三）五月，決戰地點在礪波山。義仲帶領五千多騎迎戰，故意採取放箭的打法，拖到天黑，然後就攻入敵人後方，吶喊起來。

趁著平家受驚之時，義仲的主力軍配合著吶喊聲，發動進攻。《平家物語》中這樣描述道：

> 在源氏大軍的叫喊聲中，山河似乎就要即刻崩裂。（中略）平家的大軍爭先恐後地跳入身後的俱梨迦羅谷。（中略）父親進去了，兒子也跟著進去。哥哥進去了，弟弟也跟著進去。主人進去了，家子郎等[20]們也跟著進去了。馬的上面是人，人的上面是馬，重重掉了下去。如此深的俱梨迦羅谷，就被平家大軍七萬多騎給填滿了。

忠綱、景高、秀國等平家的侍大將，據說都葬身在谷底。這樣一來，平家不得已撤退了，紮陣在加賀國的篠原。義仲繼續進攻。平家節節敗退，只有一騎停留下來作戰。那人穿著紅錦直垂，負著萌黃威盔甲，戴著犄角形的頭盔，佩戴金錢大刀，騎著連錢蘆毛的馬，配著金覆輪的馬鞍，一看就是身份高貴的人，然而沒有家臣跟隨。手塚太郎與其對戰：「報上名來！」對方靠近說：「吾心中有數，無須報。」手塚的手下們被砍死了，而手塚趁機刺中對方，終於砍下他的首級，拿到木曾的面前。木曾以為是齋藤別當，然而這黑鬍鬚也太奇怪了，鬍鬚一洗就變白了。原來是實盛，他已做好這是最後一戰的覺悟，向宗盛請求，特許穿上錦直垂，把鬍鬚染了，讓人無法分辨年齡。實盛若是報上姓名，源氏就會知道這是義仲的大恩人，說不定就會救他一命，正因如此實盛才隱瞞了姓名。木曾主僕們知道後，悲傷不已，流下了眼淚。

平家吃了大敗仗，回到京裡。四萬多騎兵，回來時佩戴頭盔盔甲的才四五騎，其餘的人據說都把裝備扔了，逃了回來。木曾追擊，逼近京都。京中流傳著四面八方的源氏都全部起兵了的消息，大家都惶惶不安。壽永二年（一一八三）七月二十五日，終於，平家逃離京都。六波羅、四條、八條，所有豪宅都被放火燒成了灰燼，一處不留。煙霧之中，平家全族離開了京都，再也沒能回來。

20 家の子郎等（いえのころうどう）。一般來說，家子是指和主人有血緣關係的侍從，郎等是沒有血緣關係的侍從，表達相對於「主」而言的「僕」時就可以用這個詞總括。——譯者注

黎明來了，七月二十五日，銀河清晰可見的天空很早就亮了，雲朵拉得很長，漂浮在東山那邊。這時的月亮白得清澈，陣陣雞鳴傳來。事到如今，真是做夢也想不到。那年遷都到福原，匆匆忙忙地離開了京都。現在想起來，那就是今日之事的前兆。

這就是《平家物語》對當時的記錄。

平家不單逃離了京都，在福原也只度過了一夜，翌日就放火燒掉宅邸，離去了。

春季，有賞花的岡之御所；秋季，有觀月的濱之御所、泉殿、松陰殿、馬場殿、兩層的棧敷殿，還有觀雪的御所、萱之御所，此外還有人們的宅邸。

清盛入道的所有榮華富貴都化成了灰燼。從那之後，平家乘船逃到了西邊的海上。

昨日在逢阪山的關卡，十萬多騎人馬牽著轡頭。今日來到這西海的海上的不過七千多人。雲朵如海般沉靜，暮色降臨。晚霧籠罩著孤零零漂浮著的島，月亮升起在海上。這海濱荒無人煙，船隻穿梭在波浪中，順著潮汐流淌，划著划著，彷佛要消失在空中的雲裡。就這樣，幾日過後，京都已遠隔在山川之外，在那遙遠的雲端。千里迢迢來到了此地，唯有淚水流不盡。

◎ 源義經（上）

牛若丸

壽永二年（一一八三）七月二十五日，平家把宅邸一燒，匆匆忙忙地逃離了京都。三天後，二十八日，源氏分成兩路進入京城，義仲從北邊，行家從南邊。後白河法皇把二人召到御所，命令他們追討平家，二人跪地接令。京都的治安全權交給了義仲，以維持穩定。但是義仲畢竟是在木曾山裡的人家長大的，也不懂得各種禮數規矩，不習慣京中語言，和法皇的近臣們經常因為意見相左而鬧不和。提意見時，即便義仲的主張有道理，可人情糾葛的問題無法解決，這就造成了義仲和行家兩人的感情破裂。行家早些年就跟賴朝不和，來投靠了義仲。那時，賴朝對義仲提出要求，要麼把行家交出來，要麼把義仲的兒子義高送到鎌倉去。義仲覺得源氏經常因為內訌而分離，就想儘量用平和的方式和賴朝協調。話說如此，也總不能把叔父行家給交出去，就把自己兒子寄託給了賴朝。而現今，因為朝廷重賞義仲，對行家的賞賜卻很微薄，行家反感義仲，和他分道揚鑣了。那時的形勢就好比中國的魏、吳、蜀三國對抗一樣，東邊有賴朝，西邊有平家，而中央是義仲，三股勢力鼎立。如今因為和行家決裂，義仲的勢力也變得薄弱。到了閏十月，在備中水島之戰中，不擅水戰的義仲大敗給捲土重來的平家。這樣一來，一直看義仲不順眼的法皇近臣們就羞辱義仲，擺出一副要一決勝負的架勢。義仲受到挑釁，壽永二年（一一八三）十一月十九日率兵包圍法皇的御所，斬殺了近臣等一百多人，還順便把攝政基通給弄下臺，推舉十二歲的少年師家為內大臣，讓他做攝政。這時被罷官的多達數十人。四年前平清盛自掘墳墓的情景，現在又在暴躁的義仲身上體現得淋漓盡致。

這樣一來，賴朝在攻打平家之前，必須先打倒義仲。要打倒義仲再剿滅平家，這是個大難題。話雖如此，賴朝自從在富士川趕跑平家之後，三四年裡平定了關東，積聚了相當強的實力。不僅如此，他還把一位戰術上古今無雙的名將收為自己的代官。這位名將不是別人，就是他弟弟義經，曾經的牛若丸。

宇治川之戰

義朝被殺害的時候，牛若丸才兩歲。母親懷抱著他，大雪中漂泊在大和路上。後來他和母親、哥哥們分別，一個人進了鞍馬寺。逐漸長大後，牛若丸為父親的慘死感到悲傷，決心要讓源氏再起，讓憤恨而死的父親瞑目，便苦修兵法。後來，在京都五條的橋上，他與武藏坊弁慶一比高下，勝得乾淨俐落，讓弁慶做了家臣，一輩子都忠實於己。然後他去遙遠的奧州平泉，依靠在此處勢力強大的藤原秀衡，得到其尊重與愛護，等待討伐平家的機會。治承四年，高倉宮以仁王下達令旨，召集全國的源氏，這時義經已經二十二歲了。翹首期盼的時候終於來到了，義經踴躍地準備出發。秀衡勸他看清形勢，過一陣子再出發，但義經不辭而別，自作主張地出發了。秀衡之後派了佐藤繼信、忠信兄弟跟隨義經。後來，義經危在旦夕時，正是這兩兄弟挺身相救。治承四年十月，賴朝結束富士川的對陣後準備回鎌倉，在黃瀨川落腳時，第一次見到了義經，兩人都流下了懷舊的淚水。儘管不是義經的本意，但他來到鎌倉已足足四年，現在終於迎來了可以發揮武略的時刻。《源平盛衰記》裡有這樣的記載：

兵衛佐賴朝道，「木曾胡作非為，須儘快殲滅」，並命蒲御曹司範賴和九郎御曹司義經為大將軍，配兵數萬。範賴、義經接命上洛。

御曹司，指的是還和父母一同居住的公子。賴朝自己不動身，派弟弟範賴做正面進攻的大將軍，讓義經也做大將軍，從背後包抄敵人。進攻京都的時候，正面軍在勢多，而攻打敵人後方的軍隊在宇治。兩個地方都已經沒有橋了。義經派畠山重忠打頭陣，要渡宇治川。然而，有兩名武者騎馬搶在了畠山的前面，一名是梶原源太景季，一人是佐佐木四郎高綱。這兩人都從賴朝那裡拿到了名馬。梶原率先前進，佐佐木對他喊道：「梶原殿下！這川可是西國第一大河，還是把馬的肚帶重繫一下吧！」梶原覺得有道理，就繫了起來。趁著這會，佐佐木突然沖到前面去，嗖地一下跳進川中，第一個渡川，並大聲報上了自己名字：「我乃宇多天皇第九代後裔，近江國的住人佐佐木三郎義秀的四子，佐佐木四郎高綱！宇治川的先鋒！」

梶原被斜著沖到了下流才上岸。畠山的馬被箭射中，就潛水遊上了岸。木曾的防線首先從宇治就被打破，戰鬥延伸到了京中。義經把戰鬥交給兵士們，「射向之袖[21]被春風吹起，唰地舉起白旗[22]，揚起黑煙」，前往法皇的御所，在門前下馬，敲門，大聲地報上：「我乃鎌倉前右兵衛佐賴朝的弟弟，九郎義經。在宇治攻破義仲的部隊，為保衛此御所前來。懇請放入。」

法皇感動無比，讓他們全部報上姓名。除義經之外還有五人，即安田三郎義定、畠山莊司次郎重忠、梶原源太季景、佐佐木四郎高綱、澀谷右馬允重資都各自報上了姓名。在這期間，範賴也攻下了勢多，進入京中。木曾雖然兵寡，卻將敵人的大軍擊退了五六次。木曾為了和守衛勢多的今井兼平會面，朝著東邊奔去，主從不過才七騎。而今井也擔心主子，趕往京中。兩人在大津的打出濱匯合，集中最後的殘兵，在最後一仗中雙雙奮戰至死，是時義仲三十一歲，兼平三十三歲。

奇襲鵯越

義經行動迅速，宇治川之戰是在壽永三年（一一八三）正月二十日早上，他當天傍晚就殲滅了義仲。從京都出發討伐平家是正月二十九日，把平家擊敗在一之谷是二月七日。《平家物語》裡面是這樣描述的：

平家從去年冬天以來，（中略）西面，以一之谷為城郭，東面，把生田的森

21 盔甲的左袖。——譯者注

22 源氏的旗是白色的。——譯者注

林作為城郭的正門。中間的福原、兵庫、板宿、須磨駐紮了召來參戰的軍隊，他們來自山陽道八國和南海道六國，共十四國，據說共十萬多騎。一之谷的北面是山，南面是海，入口狹窄且深邃。海岸高聳著，如同屏風。從北面的山到南面的平淺灘之間，拉起了用砍下的大樹做成的護欄，堆砌巨石，水深之地就用連起來的大船當作盾牆。在城郭的高櫓上，雲集著四國九州的兵士。他們穿著盔甲，佩戴著弓箭。

源氏這邊，負責正面進攻的大將軍是範賴，跟隨他的是梶原、稻毛、小山、結城、江戶等人，兵力五萬多騎。義經作為負責包抄敵人後方的大將軍，土肥、三浦、畠山、佐佐木、熊谷、平山等人跟隨著他，兵力一萬騎。義經在途中的三草山夜襲了平資盛的陣營，資盛大敗。之後，義經兵分兩路，一路讓土肥實平做指揮，前往一之谷西邊的木戶口，自己帶領七十騎人馬，前往一之谷後面的鵯越。深山中雪還未化，義經摸尋著路，就已經到了六日的黃昏。這時，武藏坊弁慶帶來了一位老人。

「你是何人？」

「這山裡的獵人。」老人答道。

「那你應該識路吧！我要下到平家的城郭，一之谷。」

「使不得！那是可怕的絕壁，人絕對過不去。」老人回答說。

義經問：「鹿能過去麼？」

「鹿能過去」。

「鹿能過去的地方，馬怎麼可能過不去！趕緊帶路！」

「我一把老骨頭了，去不了。」

「你可有兒子？」

「有的。」老人答著，帶來一名十八歲的少年。義經馬上讓這孩子元服，取名鷲尾三郎義久，讓他帶路，前往鵯越。這鷲尾三郎，自那以後就跟隨在了義經的左右，同生共死。

七日，破曉。義經來到了鵯越的上面，從絕壁上突然縱馬而下，攻打平家。平家被這奇襲驚嚇住了，陷入混亂之中。戰死的，淹死的，還有被生擒的人無數。其中主要的是下面這些人：

重衡（清盛的兒子）被捕；
忠度（清盛的弟弟）戰死；
師盛（清盛的孫子）戰死；
知章（清盛的孫子）戰死；
經正（清盛的外甥）戰死；
經俊（清盛的外甥）戰死；
敦盛（清盛的外甥）戰死；
通盛（清盛的外甥）戰死；
業盛（清盛的外甥）戰死。

作者不詳

世上流傳著很多關於這些人的悲劇。這裡選忠度、敦盛和重衡這三人來講一下。先是忠度，他被封為薩摩守，不僅善戰，還熱衷於和歌，受到和歌的大家俊成的教誨。平家逃離京都的時候，忠度先是出了京，然後又折了回來，拜見了俊成。聽說逃亡的人又回來了，俊成的宅邸裡一片騷動。

薩摩守匆匆下馬，親自大聲說道：「我忠度折回來，是有事要向三位殿稟報，就算不開門也罷，請來到這門邊吧！」

俊成聽到後就打開了門，和忠度會面。

「現在天皇已經離開了京都。平家一族的命運，怕是到此為止了。如果今後世間平定下來，也還會有編纂敕選的敕命吧？這個手卷中，若是有您能看得上的歌，就算是一首也好，請您選進去。我在九泉之下會歡喜無比，一直守護著您。」忠度說著拿出手卷，裡面是從平時作的歌中選出來的一百多首優秀作品，獻給了俊成卿。

忠度說，如果要編敕選和歌集的話，編者一定會是俊成，那時，就算是一首也好，請把他的歌選進去，他將和族人一同滅亡，這是他唯一的願望。俊成答應了，忠度很喜悅，說道：

「如今我對這浮世已無留戀。永別了！」跨上馬，繫好頭盔，策馬朝西前進。三位俊成卿站著，目送遠去的忠度。這時彷彿傳來了忠度的高聲吟唱：

前途程遠し、思を雁山の夕の雲に馳す

（今朝一別，前途遙遠。想著黃昏時要越過那雁山，這一別實在讓人寂寥。）

俊成聽著，愈發哀傷，忍淚進了門。

忠度在一之谷戰死三年後，文治三年（一一八七）的時候要編纂敕選，俊成編了《千載集》，其中收錄了一首忠度的和歌：

ささなみや　志賀の都は　荒れにしを
昔ながらの　山ざくらかな
（細波[23]啊，這志賀的舊都，現今已荒無人煙，而長良山的櫻花還和從前一樣芬芳。）

但當時忠度是朝廷的敵人，俊成就隱去他的名字，當作「作者不詳」編了進去。

敦盛是十六歲的少年，從五位下。因為還沒有官職，大家都叫他無官大夫敦

23　さざなみ（也作さざなみ），是近江國志賀附近的地名，漢字可寫作細波、小波等。志賀的舊都，指天智天皇和弘文天皇的時候的大津宮。——譯者注

盛（五位的人是大夫）。在一之谷戰敗的時候，敦盛穿著萌黃威盔甲，繫著犄角形的頭盔，佩戴金錢大刀，單槍匹馬，朝著一艘船沖入海中，才遊了一町多的時候，被追過來的源氏熊谷次郎直實看到了。熊谷說：「身為大將軍，居然逃跑，可真懦弱。回來！」說著揚起了扇子。

這武者折了回來，要上岸。熊谷在海灘上把馬繫好，然後下了馬。他把武者摁住，想要取下首級，把頭盔翻過一看，一個才十六七歲的少年，化著淡妝，鐵漿塗牙，跟自己的兒子小次郎差不多的年紀，容貌美麗。熊谷問道：「你是何人？報上名字來！我救你一命。」少年反問：「你又是誰？」「我不是什麼值得報上名字的人，武藏國的住人熊谷次郎直實。」熊谷回答道。少年聽了，說：「那我對你來說可是個好對手了。我就算不報上姓名，你把我首級砍下問人就是了。人們一定都會知道的。」

熊谷想救他一命，但源氏的軍隊已經靠近身後，無法出手，抽泣著搔弄頭髮。不單單是熊谷，直到後世，讀了《平家物語》的人都會為敦盛落淚。

重衡是平家身經百戰的勇將，在宇治攻打源三位賴政，又迎戰了東大寺和興福寺的僧兵，後來在墨股大破行家，把木曾的軍隊殲滅在水島，戰果累累。不幸的是，重衡在一之谷被源氏活捉，送到了京中。後來賴朝又讓人將他送到了鎌倉。三月二十八日，賴朝見了重衡。賴朝說：「我舉兵，既為平息法王的憤怒，也為一洗父親的雪恥。連戰連勝，如今能與你會面，也是我的榮耀。不久我也必將能見到宗盛公。」

重衡雖是俘虜之身，卻絲毫不懼，堂堂正正地回答說：「源氏與平家，過去共同守護朝廷，而近年變成平家獨佔朝廷，全盛二十餘年。如今我被捕，是無法改變的命運。既然是武家之人，被敵所捕，也非恥辱。事已如此，快將我處死吧！」

賴朝被這凜然的態度打動，誠心地厚待了重衡。但是，奈良的僧兵們執意要求把重衡交給他們，因為重衡燒了他們的寺院，特別是大佛殿。次年六月，重衡被護送到東大寺，後來在木津川岸上被處死，時年二十九歲。

◎源義經（下）

進擊屋島

在一之谷中大勝的源氏，暫且撤了兵，開始處理戰後工作。範賴回到鎌倉向賴朝稟報戰況，八月八日，再次受命離開鎌倉，從山陽道前往九州。然而範賴因沒有船隻，徘徊不前。而與此同時，平家在讚岐的屋島建了城池，將這裡作為根據地，計畫東山再起。得知消息後，受命負責守護京都的義經即刻準備進攻屋島。

文治元年（一一八五）二月十六日，源氏在渡邊集合，商談戰術。梶原景時提議：「我軍不習慣水戰，還是裝上逆櫓吧？」義經聽了，問道：「逆櫓是什麼？」「就是在船的前面和後面都裝上櫓，讓船既能前進，又能後退。」梶原回答。義經說：「胡說八道。打仗這東西，就算想著絕不後退，撐不下去的時候還是容易撤退的。事先就準備好撤退的，沒什麼好下場。你們要裝什麼逆櫓都儘管裝去吧。我義經就用原來的櫓！」

人們聽了都覺得義經夠豪邁，但梶原估計已經氣瘋了。

終於到了要出船的時候，風刮得很大，船夫說這種風是沒辦法出海的。義經大發雷霆：「要是逆風也就算了，這不是順風麼？順風刮得大點就不打仗了嗎？出船！不出的話，把你們船夫都給一個個射死。」

船夫們被嚇怕了。而兩百多艘船裡面，只有五艘出海。五艘船之中，走在前面的是義經的船。

義經說：「平時的話敵人定會加強防備，就是要在這樣大風大浪的時候打他個措手不及，才能打勝仗。」

雖然是在夜裡，只有義經的船點起了篝火，其他的船都以義經的船為目標跟著走。從攝津的渡邊出發的時候是二月十六日的丑時，也就是深夜兩點，到達阿波的勝浦是卯刻，也就是早上六點。當時一般要花三天的路程，義經用幾個小時就到達了。

兵貴神速，勝靠奇襲。義經堅信這一點，也付諸了實際行動。五艘船的兵力合起來才一百五十騎。義經就靠著這點人馬，十七日的夜裡越過讚岐，十八日早上進攻屋島。平家被打了個措手不及，陷入了恐慌。人們爭先恐後地上船，要逃到海面上。源氏不停地策馬進入海濱，追殺平家。

判官那天穿著紅錦直垂和紫裾濃[24]的盔甲，繫著犄角形的頭盔，佩戴金錢大刀，背著二十四支切斑[25]的箭，握著滋藤[26]。他瞪著海上，大聲報上姓名：「吾乃法皇的使者，檢非違使五位尉源義經！」

平家在船上朝著他射箭，源氏在馬上射回去。看到源氏只有少數兵馬，平家又上到了陸地。其中，清盛的外甥能登守教經，箭術過人，有王城第一人的美名。他打算一箭射下源氏的大將軍義經。佐藤繼信、忠信、武藏坊弁慶等人會意地擋在了箭射來的方向。佐藤繼信被箭從左肩射穿到右腰窩，從馬上仰面倒下。

教經的家臣，一個十八歲的少年飛奔過來，想要砍下繼信的首級。忠信馬上把他射死。教經悲傷不已，停止了戰鬥。義經拉起繼信的手問：「你還有什麼未了的心願？」繼信回答說：「沒有了。能替為主子您擋下一箭而死，是今生的榮譽，黃泉上的回憶。」義經用盔甲的袖子捂著臉，潸潸流淚，招來附近寺院的僧人，送上珍藏的馬匹，讓僧人弔唁繼信。

那須與一宗高

日落。正在雙方僵持不下時，從海面那邊出來了一艘小船，划到了海濱附

24 紫裾濃（むらさきすそご），染色方法的一種，紫色從上到下，由淺至深。這裡指連綴鎧甲的繩子是用這種染色法製成的。——譯者注

25 切斑、切生（きりう），指鷲的尾巴或者翅膀上的斑，用於箭的羽毛。——譯者注

26 滋藤、重藤（しげとう），大將使用的背上纏有藤皮的弓。——譯者注

近。船上有一位十八九歲的紅衣少女，立起了太陽扇[27]，讓源氏射箭過來。義經問有沒有誰能射下這扇子，有人說，下野國的住人那須與一宗高的話肯定能射下來。義經召來與一，命令他射中扇子的中央。與一說「我沒把握」，先是拒絕了。義經不肯甘休：「這軍隊裡，沒人能違抗我義經的決定。誰有意見的，馬上回鎌倉去。」那須與一說：「既然是命令，我就試試吧。」便退下了，跨上黑馬，英姿颯爽，衝入海中。

二月二十八日，酉刻（下午六點左右）。這時刮起猛烈的北風，海浪高高地拍打在海岸上。船隻隨波搖上搖下，竿上的扇子隨風飄蕩著。海面上，平家的船排成一行觀看著；海岸上，源氏的馬並駕觀看著。（中略）與一閉上眼，祈禱著：「南無八幡大菩薩啊！還有我故鄉的諸神，日光權現、宇都宮大明神、那須的湯泉大明神啊！請保佑我準準地射中那扇子中央吧！萬一射偏了，我就決心斷弓自盡，永世不再見人。如果還希望讓我回到故鄉的話，就請保佑我不要射偏吧。」他睜開眼，發現風變弱了，扇子也變得容易射了。與一拿起帶鏑的箭，上弓，把箭射了出去。（中略）弓非常強，鏑箭嗡嗡地響著，聲音在海面上回蕩，準確地射在了離扇軸邊緣一寸左右的地方，嗖的一聲，啪的一下，把扇子射破了。箭落入了海中，扇子在空中飄舞，激蕩在春風中，很快飄落在了海上。全紅的扇底上畫著金色的太陽，在夕陽的照射下閃閃發光，在白色的波浪中沉浮。海面上，平家的人捶打著船舷；陸地上，源氏的人敲著箭筒歡呼。

後來，兩軍交戰，混亂中，義經把弓弄掉了。弓漂到了海上，義經要去拾起來。平家在船上，想用耙子鉤住義經的頭盔把他拉過來。義經拼命掙開，好不容易把弓撿到，笑著回來了。

人們數落他說：「再怎麼寶貴的弓，也比不上性命重要啊！」義經說：「不是說弓可惜。要是我叔父為朝的弓，故意扔了給敵人也沒關係。可我義經的弓又小又不結實，要是被他們嘲笑說，源氏大將軍的弓也就這種東西的話，實在太

27　扇的底色是紅色，用金箔鑲作太陽形狀在扇中央。——譯者注

丟人。我就去撿回來了。」大家聽了都很感動。這就是有名的故事——《判官掉弓》。

決戰壇之浦

二月十八日，義經擊退了屋島的平家。留在攝津渡邊的梶原等人，帶著兩百多艘船到達屋島的時候是二十二日，戰鬥都已經結束四天了。

趁著義經停留在四國，賴范率領大軍進入九州的時候，平家把兵力集中到了長門的壇之浦。範賴還是一如既往地行動遲緩，壇之浦一戰還是得讓義經來打。三月二十四日，義經進攻平家，這次對義經來說是少見的水戰。卯時，也就是早上六點的時候，戰鬥開始了。這時候，梶原希望自己打頭陣，義經說頭陣要自己出馬，不同意梶原的想法，兩人吵了起來。在三浦和土肥等人的勸說下，爭執暫時平息了下來，但梶原對此懷恨在心，後來還向賴朝進了讒言。

壇之浦的潮流是非常激烈的。平家本來就擅長水戰，而且長門國還是平知盛的知行國，平家熟悉了地理環境，也準備好了船隻。平家蔑視源氏：「阪東武者，在馬上還稱得上風光，要說水戰，他們訓練過嗎？就跟魚上了樹一樣吧！[28]」然而，源氏大將軍義經打頭陣，英勇善戰。平家這邊是知盛（宗盛的弟弟）在指揮全軍，也非常了不起，但最後平家還是敗了下來，知盛就穿上兩件盔甲跳海自盡了。以剛強聞名的能登守教經，苦戰一番，逼近義經。義經身體輕盈，在各船之間飛來躲去。教經根本沒辦法追上，就左右手各夾一個力大無比的敵人，跳入海中。教盛和經盛兩兄弟，在盔甲上搭上錨，手把手投身海中。資盛、有盛、行盛三人，也拉著手跳海。

看到這一切，清盛的夫人二位局抱著安德天皇，跳入了海中，天皇時年八歲。其母親建禮門院也想投海，卻被源氏的兵士用耙子拉了上來，得救一命。三神器差點也要沉到海中，後來除了神劍之外別的都保住了。

28 這裡出自《孟子》中的「緣木求魚」，本來的意思是用錯了方式，這裡轉指沒有辦法施展身手。——譯者注

平家一方男子三十八人、女子四十三人被活捉。主要人物有前內大臣宗盛、其子右衛門督清宗、清宗六歲的弟弟副將丸、大納言時忠、時忠之子中將時實等。還有一些有名的侍大將失蹤了，比如越中次郎兵衛盛嗣、上總五郎兵衛忠光、惡七兵衛景清等。

《腰越狀》

壇之浦之戰從三月二十四日早上卯時（六點）開始，正午的時候就已分勝負了。據記載，源氏有八百四十艘兵船參戰，而平家是五百多艘。一個月後，義經護送宗盛等被活捉的人回到京都，分別做好處理之後，又於六月七日把宗盛父子二人帶往鎌倉。因為這兩人是平家的中心人物，要向賴朝報告，聽從其指揮。然而，沿著東海道走，眼看明天就要進入鎌倉的時候，賴朝的使者北條時政出現了，向義經傳令說，在這裡把宗盛父子交過來，義經不許進入鎌倉，待在腰越附近等待命令。

討伐了義仲，殲滅了平家，立下如此稀世戰功的義經，一定是期待著得到哥哥賴朝的感謝和讚賞吧。出乎意料的是，義經被當作罪人一樣，在腰越從五月十五日待到了六月八日。義經悲痛無比，五月二十三日將一封信交給大江廣元，請他做調解，這就是後世有名的《腰越狀》。人們讀後感動無比，還將它當作習字用的範本。這狀是用漢文寫的，把它改寫成通俗的現代文如下：

左衛門少尉源義經冒昧向您陳述。我被選作賴朝公的代官，奉敕命討伐朝敵，大顯祖傳之武藝，一雪會稽之恥。本應得到讚賞，未想到卻因虎口讒言，莫大的功績被棄之不顧。我本無罪，卻遭受貶斥，有功無過，卻受到懲罰，只能徒然流淚。細想來，先人有句諺語說，良藥苦口，忠言逆耳。不查明讒言的真假，就不準我入鎌倉。我無法述說真意，只能在此虛度數日。而今長久不能拜見賴朝公，枉為骨肉至親。或許我時運至此已盡。這可是前世所造之孽？實在悲傷。事已至此，除非亡父（源義朝）之靈轉世，誰能傳達我的悲傷，誰能憐憫我？雖身體髮膚受之父母，我卻因父親左馬頭殿急逝，淪為孤兒。在母親懷中前往大和國宇多郡龍門牧以來，一刻也不曾安寧。雖得活命，卻無法在京活動。故流浪於諸國，處處藏身，得以活命至今。居於遠國，得當地百姓之效力。而時機成熟，為討伐平家一族上京。先誅殺木曾義仲，後為剿滅平氏，時而策馬在險峰，為殺敵奮不顧身，時而在海上經受狂風巨浪，不懼葬身海底，屍骸入魚腹。以盔甲作枕，潛心武藝，只為讓父親和兄長們的亡靈安息，完成多年的夙願，別無他求。我得封五位之檢非違使，實乃我源家之光耀，還有何事能及此稀世之重職？而今我卻哀愁無比，感歎至極。若無神明庇佑，又怎能傳達這樣的申訴？（後略）

義經對大江廣元鄭重地請求說，自己常常坦明心意，向神明發誓對哥哥絕無二心，還在起請文上面蓋上血印，而哥哥都不理解自己，只能請求他來調解了。然而，賴朝心如鐵石，終究沒有被打動。六月九日，義經接到返回的宗盛父子之後，只能從腰越返回京都了。

把宗盛送回去之前，賴朝把他召來，隔著簾子看他，讓家臣去傳話：「賴朝並非特別憎恨平家，只不過奉敕命派遣追討使而已，沒想到這麼快就讓你來到了鎌倉。這麼說雖然冒昧，但我自己覺得這是榮譽。」

宗盛聽後，回頭諂媚賴朝的家臣，小聲說道：「若是能救我一命，我願出家入佛門。」宗盛生於英雄之家，是清盛的次子、重盛的弟弟，卻如此膽怯卑微。人們見到他，都很蔑視。

賴朝命令義經把宗盛父子帶回去，在近江處死了他們。時年宗盛三十九歲，清宗十五歲。

◎源賴朝（上）

兄弟不和

平家滅亡了。平治之亂後，經過二十年的全盛，「非此一族，不配做人」，如此傲氣的平家在治承四年（一一八〇）源氏舉兵之後卻一蹶不振，僅六年的時間裡就灰飛煙滅。世人說「驕奢如平家，必敗」，就是這個道理。窮奢極欲，沉浸在享樂之中，甘於衰弱的人，一遭遇事變，就會變得不堪一擊。這就是人們從平家身上所學到的教訓。

和這形成鮮明對比的是源氏。源氏在保元之亂中折損一半，剩下的一半也在平治之亂中喪生。之後的二十年中，源氏幾乎沒有再出現在舞臺上，僅剩下在京都的賴政，他也是屈身於平家，抬不起頭來。賴朝還活著，但也是被流放之身，在伊豆的鄉下過著被人監視的冷清歲月。弟弟義經也活著，卻是在鞍馬的山中修行，不知道何時到了奧州的平泉。雖然後來的事情我們都知道了，但是誰都沒能想到他會成為讓天下形勢大變的大英雄。然而高倉宮以仁王的令旨一下，看似懦夫的賴政奮起了，被蔑視的流放之人賴朝也崛起了，山裡長大的被人瞧不起的義仲將平家趕出京都，被人怠慢的牛若丸義經打倒義仲，在一之谷、屋島、壇之浦連戰三場，殲滅平家。他們都沒有白白度過千辛萬苦的二十年。他們在樸素節儉的生活中，鍛鍊出了強健的身體和剛強果斷的精神。荒廢了二十年的人，遇上了磨練了二十年的人，這就是源平合戰。剛健樸實的生活多麼珍貴，這就是人們從源氏身上學到的經驗。

要說這源氏身上全都是值得模仿的優點嗎？也並非如此。源氏有著可恥的缺陷，就是因為這一致命的缺陷，好不容易在經過二十年艱辛之後迎來了重振家門的好時機，但最終還是滅亡了。這缺陷是什麼？父子、兄弟、親人之間的不和。與其說是不和，不如說是自相殘殺，是一種殘忍無情的仇恨。前面說過，這一點在保元之亂的時候就有體現了。治承四年（一一八〇）以後也是，賴朝和行家合不來，而因為義仲和行家走得近，義仲又被賴朝所恨。義仲最終被賴朝攻打而滅亡。接下來的大問題就是賴朝對義經的憎恨已經到了不把他逼上死路就不甘休的地步。

不和的原因

賴朝為何如此憎恨弟弟義經？一般來說這是不可能的。賴朝在黃瀨川第一次見到義經的時候喜極而泣，為何後來變得憎恨他？首先想到的原因是梶原景時的讒言。在石橋山戰敗的時候，梶原救了賴朝，對賴朝來說，梶原是恩人。這恩人說的話，賴朝是相信的。然而，梶原這個人心理扭曲，他非常喜好向賴朝揭發別人的壞事。也因為如此，很多人都吃了苦。賴朝還活著的時候，人們無可奈何，只能忍氣吞聲。等到賴朝死了之後，人們一同排斥梶原，梶原一家最終也滅亡了。也就是說，梶原是個進讒的慣犯。說起和義經之間，前往四國時的逆櫓提議也好，壇之浦一戰中的打頭陣願望也好，梶原說的話都被義經狠狠地駁斥了。小人梶原對此懷恨在心，向賴朝進讒，這也是十分有可能的。而且《腰越狀》中也有「虎口之讒言」的語句。

第二，義經是古今罕見的優秀將軍，立下了赫赫戰功。這就是讓賴朝不痛快的地方。討伐義仲，攻下一之谷，屋島和壇之浦的勝仗，戰場上決定性的勝利全部都是義經贏來的，沒有人能和他爭搶。《平家物語》中說道：「像九郎判官這樣的人世上沒有第二個了。鎌倉的源二位（賴朝）做的都是些什麼呀！這世間就全由判官去掌管吧！」義經英勇善戰，對人又親切溫和，當然有人望了。賴朝就是看不慣這點。

第三，朝廷承認義經的戰功，在一之谷之戰後，任命他為左衛門少尉，兼檢非違使尉。在此之前，賴朝為下面這些人申請了封官：

封平賴盛為權大納言，平光盛為侍從，平保業為河內守；

封藤原能保為讚岐守；

封源範賴為三河守，源綱廣為駿河守，源義信為武藏守。

而功勞最大的義經卻沒有得到賴朝的推薦，朝廷覺得他可憐，就自行決定給他賞賜。同年九月十八日，朝廷將義經升為五位，文治元年（一一八五）八月十四日，任命他為伊予守。這一切，賴朝都看不慣。在他看來，武士都必須是在自己的統制之下，升官是要由自己去申請的。賴朝不想讓朝廷和武士越過自己接觸。這樣一來，賴朝和義經之間的關係是不可能好的。

第四，義經作為賴朝的弟弟而自稱源氏，這點也是賴朝看不慣的。在賴朝看來，自己是源氏的嫡系，一族的首領。這是遙遙高於別人之上的，弟弟也好，無論是誰，是不允許和自己相提並論的。後來，建久四年（一一九三）八月，弟弟範賴寫了表忠心的起請文，署名為「三河守源範賴」。這是再正常不過的事情，範賴也寫不了別的。然而，賴朝卻看不慣了。他責備說：「這源字，莫非指源氏一族？甚是放肆。」（《吾妻鏡》）也就是說：「他寫的是源範賴，難不成他自認為是賴朝的族人？真是弄不清自己身份的傢伙。」然後賴朝把範賴的使者重能叫了過來質問。重能回應：「三河守是義朝公的兒子，自認為是賴朝公的弟弟也是無可厚非的。早年追討平家時，三河守作為使者上洛，賴朝公的信中也寫了讓舍弟範賴作為西海的追討使。朝廷那邊也把此事記載到了公文書中。這絕不是我等隨意使用源字。」

作為使者的重能態度實在是了不起，不卑不亢，把事實堂堂正正地說出來，絲毫不畏懼，連賴朝也無言以對，而無言以對不代表賴朝就在反省。他把範賴流放到伊豆，後來把他殺害了。範賴的下場尚且如此，義經只要還是義經，就會被賴朝憎恨。

追討義經

正是出於上述原因，義經才遭到哥哥憎恨。這些原因都是無法解決的，所以義經被憎恨也是沒有辦法改變的。義經雖然立下大功，但並不是欺負弱者的人。平宗盛被活捉回京的時候，長年為宗盛做車夫的男子執意跟義經請求說：「讓我最後一次侍奉主子吧！」義經說道：

「此事無可厚非，快來吧！」便准許了。男子喜悅無比，（中略）眼中充滿淚光，已看不清前方，只隨著牛的腳步，一邊哭泣，一邊拉車。

後來，宗盛想再見見自己八歲的末子副將丸，就求義經，義經很同情他，就同意了。這兩件事都是美談。義經有不懼百萬大軍的勇氣、百戰百勝的武略，如此名將，心地善良，絕不欺淩弱者。人們敬愛他也是有道理的。正因為如此，要討伐義經，賴朝是要費一番功夫的，因為誰都不樂意去接這個任務，然而有一人主動接下了這個任務，這就是土佐房昌俊。他出發之前把老母和幼兒都託付給了賴朝，以求無後顧之憂，帶領八十三騎人馬離開鎌倉。文治元年（一一八五）十月十七日，義經的宅邸遭到突襲。義經帶領佐藤忠信等幾個家臣，親自開門迎戰，打退了土佐房的兵。敗退後的土佐房，偏偏就逃到了鞍馬山而被抓，後被處死了。

義經本想前往九州，卻因刮大風沒能去成，就躲到吉野山去了。離開京都的時候，人們擔心義經會不會胡作非為，像平家那樣帶走安德天皇，放火燒毀民宅。而義經卻彬彬有禮地去了法皇的御所，行禮告別，沒有給任何人造成麻煩。義經穩重地離開了，人們都感動這態度，稱讚他為義士。

在吉野山，有人為了巴結賴朝，去襲擊義經。這時候挺身而出讓義經躲過災難的是佐藤忠信，即在屋島捨身救了義經的繼信的弟弟。在吉野山被賴朝的人抓走的只有義經心愛的美人靜御前。賴朝讓人把她帶到鎌倉問話，問她義經在吉野山是待在哪個宿坊，她說忘了；又問她義經後來去了哪裡，她一會兒說去了多武峰，一會兒又說去了大峰，答得牛頭不對馬嘴；後來賴朝讓靜御前在鶴岡八幡宮獻舞，她再三拒絕後終究還是妥協了。獻舞時，她唱了歌：

吉野山　峯の白雪　ふみわけて
入りにし人の　あとぞ恋しき
（您踏著吉野山山峰的白雪，消失在山中。我對您是如此的傾慕。）

しづやしづ　しづのをだまき　くりかへし

昔を今になすよしもがな

（阿靜啊，阿靜……將倭文圈圈纏繞，卻不能回到那往昔。）

這兩首歌都深深地表露出她對義經的愛慕之情。

義經主僕十幾人，扮作山中修行之人，從北陸道往北前進。在安宅的關卡，義經一行被富樫介盤問時，弁慶誦讀了《勸進帳》，這故事很著名。後來義經一行到了奧州的平泉。在藤原秀衡的時代，義經曾受到過熱烈歡迎和厚待。而到了泰衡這一代的時候，泰衡被賴朝蠱惑，襲擊了義經在衣川的宅邸。義經奮戰之後自盡了，這發生在文治五年（一一八九）閏四月三十日，義經時年三十一歲。

守護和地頭

義經被賴朝憎恨，被逼上絕路，然而還能四處活動達四五年之久，這也是因為義經有人望，受到人們同情。很多人即使不能伸出援手，也對義經睜一隻眼閉一隻眼，把他放走。正因為如此，賴朝憂心忡忡，想要早日抓捕義經。同時，賴朝也以此為理由，在全國範圍安置守護和地頭，布下了嚴密的警戒網。提出這一方案的是大江廣元，其申請在文治元年十一月得到敕許。之前提到過莊園，莊園就是貴族或者大神社、大寺院所支配的地方，不受國司的管轄。所以，國司手上的員警權無法涉及莊園，也就沒辦法從那裡收取國稅。國司的手中就只剩下國領了，而作為長官的守基本都是有名無實的，直接管理當地的是作為次官的介以下的人。看看薩摩守平忠度和能登守平教經的例子就明白了，他們是不會前往被任命管轄的國的，就算去了，也不能有什麼作為。因為莊園越來越多，國領越來越少。打個比方，能登守教經手上的能登國，據承久三年（一二二一）的調查來看，國領是五百十一町六段一百五十七步，莊園是一千五百四十一町三段兩百六十九步。也就是說，能登國的四分之三都不在國司的管轄之下。再來看看淡路國，貞應二年（一二二三）的調查顯示，國領是四百零一町四段，莊園是一千零五十一町，田地的調查結果不詳，而國領的浦，也就是有漁業權的地方才三處，屬於莊園的有十一處。這就說明，淡路的三分之二是國司管不到的。而若狹國在文永二年（一二六五）的相關調查顯示，國領有六百四十三町五段一百五十步，莊園有一千五百七十四町一段八十三步，若狹守也只能支配領國中三分之一的土地。而伊賀國早在兩百年前就已經是這樣的情況了。天喜元年（一〇五三），伊賀的國司感歎道，這國內三分之二的土地都已經變成貴族或者大神社、大寺院的莊園了，都沒有向國家納稅。

嘉承二年（一一〇七），紀伊國全國七個郡中有六個郡十分之八或者十分之九的土地都變成了莊園，剩下的名草郡裡也多是神社、寺院的領地，沒什麼公領了。

這樣的狀況在亂世之中也沒什麼稀奇的。國家四分五裂，已經無力統一了。國司能支配的地方很少，大部分的土地都不上交國稅，員警也沒辦法進入。木曾義仲上京的時候，朝廷命令義仲去做兩件事：一件是討伐平家，一件是守衛京都。義仲接下了這兩個命令，卻頭疼了，因為國家不給他軍用資金和兵糧。義仲自己不去收的話，就沒辦法養活兵馬，他不得已，只能徵收了。這下不得了了，義仲被罵得很慘。《平家物語》寫道：

京中到處都是源氏的軍隊，四處搶奪。對加茂神社和石清水八幡宮的領地，他們也不忌諱，割了青田作為馬的草料，打開人們的倉庫，奪走財物，還搶奪過路人的東西，剝奪衣物。

面對這些謾罵，木曾是這樣回擊的：

作為守衛這京都的人，怎麼可能連一匹馬都不養？那麼多的青田，割點作為草料，也未必值得法皇怪罪吧！連兵糧都沒有，年輕人們就時不時跑到西山、東山去搶點過來，也不是什麼錯事！

木曾是山裡長大的人，說話方式很露骨、粗暴，也因為這點，他被世人責備、排斥。然而一旦反問到底要怎麼做才行，誰都沒有好辦法。後三條天皇為了糾正這弊端，下令整頓莊園，把違法的部分都上繳給國家。這就是延久年間的改革，然而沒能成功。既然如此，朝廷也就沒有再做打算了。

抓準這一點的是大江廣元。後三天天皇改革時做藏人（秘書官）的是大江匡房，教兵法給八幡太郎義家的也是大江匡房。和他一族的廣元能抓到這一點，果然不是常人。義經下落不明，不知道什麼時候在哪裡會發生變故，大江利用這種不安的狀況，聲稱為了搜捕義經，國司支配下的土地也好，莊園的土地也好，一律安置上稱為地頭的官員。地頭保證向朝廷或者莊園的本家領家交納土地的年租，以此為條件，土地就交給地頭支配，掌握員警權和徵稅權。而地頭則由賴朝的御家人（家臣）擔任，每段土地收取五升的米作為兵糧。另外，原則上每國安排一名守護，負責指揮御家人，維持治安。

鎌倉幕府的成立

想出這個體制的是大江廣元，賴朝聽了他的提議後想必是眼前一亮吧。他當時雖然身處從二位，卻沒有任何官職。他靠實力完全控制了關東，威名震懾天下，卻還沒能想到一個永久的方法確保全國都在其控制之下，特別是不知道要怎樣去調整和朝廷的關係。而正如大江廣元進言的，賴朝利用搜捕義經一事，在全國各地安置地頭，各國安置守護，負責檢舉犯人，維持治安，賴朝只任命自己信得過的家臣，得到朝廷的許可後就能永久地合法地掌握兵權和徵稅權。賴朝用了「天下草創」一詞來形容當時的情況，也就是說，新的時代開始了。是的，這是一個全新的時代，徹徹底底地進入了武家的時代。平家全盛時的二十年雖然也說得上是武家時代，武人卻做了公卿，占盡朝廷內部的要職。一旦他們習慣了太平日子，變得懦弱，就會失去作為武人的特長。而今，賴朝不任朝廷要職，在朝廷之外，利用和大寶令官職無關的體制統治了全國。所謂天下草創，就是指這種現實。

賴朝在全國範圍安置了守護和地頭，在實質上成功地重組了政治體制。說起守護和地頭，後世也許覺得沒什麼大不了的。而有句諺語，「最無奈是哭泣的孩童和地頭」，可見他們當時是多麼可怕，一人兼任了稅務局長和警察局長。出兵時，兼任大隊長和連隊長的就是地頭，作為師長或者旅長指揮他們的就是守護。這樣一解釋，人們大概就能明白他們有多可怕了。也就是說，他們掌握著生殺予奪的大權，而位處他們之上，將他們所有人的生殺予奪的大權掌握在手中的，是賴朝。現在大家明白了「草木皆懼的鎌倉殿」的威力了吧。

那賴朝是不是就滿足於這樣，不出手干涉朝廷了呢？並非如此。他強行改革京都體制，把對自己不利的人拉下馬，只有順著他的人才被安置到朝廷中去。文治元年（一一八五）十二月，他向法皇上奏了以下要求：

第一，將右大臣兼實、內大臣實定等公卿十人指定為議奏，今後由議奏決定朝政；

第二，給右大臣兼實下達內覽的宣旨，而藤原氏的長者可如現今一樣由攝政基通擔當；

第三，撤銷藤原光雅與源雅賢的藏人頭之職，封給藤原光長和源兼忠；

第四，關於知行國的分配，希望將伊予給兼實，越前給實定，豐後給賴朝（另外還有七國，這裡省略不列），其中豐後國裡有較多和義經串通一氣的武士，故應交給賴朝，實行搜捕。

這樣的要求還有六條，賴朝提出一共十條要求，還另外指定了十二個人，說這些人全都是和義經有關係的，要剝奪他們的官職。不單如此，很快賴朝又補充說，要求將這十二人中的兩人流放。而朝廷這邊沒有通過的只有最後這個關於流放的要求，別的全部都按照賴朝希望的去辦了。

賴朝一方面在全國各地安置了御家人做守護和地頭，負責員警和徵稅；另一方面強硬要求朝廷把自己看不順眼的人排除在外，只讓理解自己意圖的公卿去管理朝政。幾乎所有武士的官位都不能直接從朝廷受領，必須通過賴朝推薦才行。這樣一來，賴朝雖然地處偏僻的鎌倉，官位只及從二位，什麼官職都沒有，卻已經把天下大權完全掌握在自己的手裡。五年之後，建久元年（一一九〇）十一月，賴朝升為權大納言，兼右大將，再過了兩年，建久三年（一一九二）七月，賴朝得封征夷大將軍。而從賴朝得任右大將之後的建久二年（一一九一）開始，賴朝的事務所已經準備得有模有樣了，其設置如下：

政所	別當	前因幡守	大江廣元
	令	主計允	藤原行政
問注所	執事	中宮大夫屬	三善康信
侍所	別當	左衛門少尉	和田義盛
	所司		梶原景時

政所負責政務，問注所負責司法，侍所負責統領武士。這樣的官府體制在建久二年（一一九一）年初步成形，而賴朝征夷大將軍的稱呼是在建久三年（一一九二）得到的，但實質上賴朝掌握天下兵權，稱幕府之主，是在文治元年（一一八五）年末。從此以後，鎌倉、室町、江戶，幕府體制一直到慶應三年（一八六七）十月德川慶喜的大政奉還和十二月的王政復古的時候才被完全廢止，其間雖

然有間斷，但幾乎持續了近七百年，這一變體政治「幕府」就成立於文治元年（一一八五）年末。

◎源賴朝（下）

賴朝之死

賴朝為了培養、保存自己的勢力，處事謹慎、巧妙。為了將平家趕出京都，他利用了義仲；為了討伐義仲，又利用了義經；為了將平家全部殲滅，也利用了義經；為了打倒義經，又利用了藤原泰衡。文治五年（一一八九）閏四月三十日，泰衡剿滅了義經。義經的首級被送到了鎌倉。據說人們看到義經的首級都紛紛流淚，濕了衣袖。接下來，賴朝要去攻打泰衡，朝廷沒有准許，但賴朝不等敕許下來就決定出兵。但這次已經沒有能擔當大將軍的人了，賴朝就親自出陣做指揮。在翻越白河的關卡時，賴朝叫來梶原景時的兒子景季說：「此時正值初秋，讓人想起了能因法師的歌呀。」

都をば　霞とともに　たちしかど
秋風ぞ吹く　白河の関
（春霞起，我離開了京都。來到這白河關，卻已經到了秋風陣陣的時節。）

這首能因法師的歌被選入《後拾遺和歌集》，非常有名。賴朝想起的就是這首歌，而景季作了下面這首歌來回應賴朝。

秋風に　草木の露　を払はせて
君が越ゆれば　関守もなし
（秋風吹散草木上的露水。您一越過這關卡，守關人就完成了任務，退回裡面去了。）

泰衡戰敗，回到了平泉，卻也沒能在那裡待太久，就放火燒了宅邸逃走了，最後被自己的家臣給殺了，時年文治五年（一一八九）九月三日。

正像景季所吟的那樣，而今的賴朝所向披靡，無人能擋。接下來，賴朝開始第一次上京。建久元年（一一九〇）十月三日，以畠山重忠為先陣、千葉介常胤為預備隊，從鎌倉出發，途中在尾張國野間莊鄭重祭拜了父親義朝，十一月七日來到京都，進入在六波羅新建的宅邸。九日，賴朝先拜見了後白河法皇，然後晉謁後鳥羽天皇，得封權大納言；十一日，參拜石清水八幡宮，在神前徹夜祈禱；後來又得封右大將，幾次晉謁後，十二月十四日，踏上了歸途。賴朝從京都被流放到伊豆的時候年僅十四歲；如今率精兵上洛、接受恩典時值四十四歲。回顧三十年前的事情，賴朝一定感慨萬千吧。

建久六年（一一九五），賴朝再次上京。奈良東大寺被平重衡燒毀後，終於得以重建，賴朝就是去出席供養儀式的。這次，其妻子和兒子也都同行，旅途輕鬆。這個時候估計是賴朝最平靜的時光吧。三年後，建久九年（一一九八）十二月二十七日，相模川的橋修建完畢，賴朝前去供養。在回來的路上，賴朝從馬上摔了下來，受了重傷，於次年的正治元年（一一九九）正月十三日離開人世，時年五十三歲。

北條氏的抬頭

賴朝在少年的時候就吃盡苦頭，度過了二十年的隱忍歲月，再加上天生的性格，他常常考慮得非常長遠，習慣小心行事。因為這習慣太根深蒂固，他就會把將來有可能成為自己競爭對手的人儘早剷除，覺得要維護天下的治安，就有必要保證自己地位的安全，所以他打倒了木曾義仲，打倒了義經，打倒了行家，打倒了範賴。平家已灰飛煙滅，在源氏的天下裡，沒有源氏以外的人能和賴朝競爭。在源氏裡都打倒了這麼多人，已經不會有誰能和他抗衡。賴朝確信，自己的子孫一定能在沒有競爭對手的世界裡，作為鎌倉之主，掌控天下的兵馬大權。他終於安心了。

在賴朝這一代還沒有什麼大礙，但賴朝一死，形勢大變。賴朝信任的重臣一個個被打倒，就連繼承賴朝位子的二代將軍賴家，做了鎌倉之主也不過才五年，建仁三年（一二〇三）秋就被趕到伊豆的修禪寺，次年就被殺害了，時年二十三歲。按照長子繼承的原則，此時應是賴家的長子一幡來即位，而這一幡在父親死去的一年前，就被北條氏燒死了，時年六歲。

現在只剩下賴朝的次子，也就是賴家的弟弟實朝。二代將軍賴家被趕走的時候，實朝十二歲。之後的十七年中，他成為鎌倉之主，被人們稱作將軍。可是實朝並沒有實力，手中也沒有實權。在賴家的那一代裡，梶原景時一家都被滅，比企能員的一族也被打倒了。到了實朝這一代，先是畠山重忠，然後是和田義盛的一族被剿滅。在這些人裡面，最重要的人物就是和田。剛才也說到，和田義盛是侍所的別當，通俗點說就相當於陸軍的長官。和田、三浦一族，勇士輩出，在關東武士中威望重大。他倒下之後，接替他成為侍所別當的是北條義時。

北條原本是平氏，時政看到了賴朝的潛力，支持他，還把女兒嫁給了他。時政作為賴朝最信任的親屬，賴朝萬事都與其商量。二代將軍賴家和三代將軍實朝都相當於時政的孫子、義時的外甥，北條本應善待他們，可並非如此。北條逐漸削減源氏的勢力，擴大北條的權力。賴朝以來的老將重臣逐漸衰老死去，比企、畠山，特別是和田與三浦被滅亡以後，已經沒有人能夠干涉北條了。結果，承久元年（一二一九）正月，實朝在鶴岡八幡宮前被賴家的兒子公曉殺死，而公曉之後不久也被北條派的人斬殺。至此，源氏的嫡系全部斷絕。從賴朝掌握天下兵權的文治元年（一一八五），到實朝被殺的承久元年（一二一九），大約三十年。平家的驕奢很短暫，但源氏的繁榮也沒有持續太久。這是因為賴朝把義經和範賴都打倒了，失去了一切能夠成為羽翼或者藩屏來支援自己的勢力，這就給了擅長陰謀的北條為所欲為的機會。

賴朝出現的意義

除了前面說的那些，若將源氏三代的三十五年做個總結，他們還有一個重大的功績。只要有了這一點，就算源氏是只撐了三十五年，賴朝出現的意義依舊巨大。那就是源氏對日本的國體，也就是國家政權有著很高的自覺性，尊重朝廷，把對朝廷的奉公當作理所當然的事，是無上的喜悅。

在屋島和壇之浦進攻平家的時候，最擔心和平家待在一起的安德天皇的安危，還懇切地指示前方部隊一定要把天皇平安無事地迎回來的是賴朝。他給範賴寫的信中這樣說：「此次公事，實在令人擔憂。無論如何，定要小心行事。」還反覆地訓示說，「此次公事事關重大，定要小心行事。」這裡的「公事」指的是天皇，在這裡說的就是安德天皇的事情。

文治元年（一一八五）的夏天，在尾張國有個叫玉井四郎助重的人，本來就是個擾民的蠻橫之人，現在違背了敕命，被朝廷召喚過去但他不僅不接受召喚，還誹謗朝廷。聽了這件事的詳細報告之後，你們想，賴朝是什麼反應？「既然違背綸命，就不應再住日域。忽緒關東，則不必來鎌倉。馬上驅逐！」

「綸命」就是敕命，「日域」就是日本，「忽緒」指不放在眼裡。也就是說，既然違背了敕命，就不能再居住在日本，不遵從幕府的指示，就不能來鎌倉尋求庇護，即刻出日本國去，這就是宣告要將其趕出日本。這是多麼鮮明，多麼痛快的裁決。這不只嘴上說教，而是掌握天下大權的人之言。這話一出就會得到執行，違者首級必將不保。所以這事情對人們所造成的影響一定是巨大的。

對待那些對朝廷無禮的人，賴朝下達了如此嚴厲的判決。而對待朝廷的命令，賴朝恭恭敬敬地接受，就算是再難的事情也在所不辭。文治五年（一一八九）的春天，朝廷下達命令，要求獻上修建內裏的費用。賴朝回覆「遵旨」，又說道：「常常接旨行事，賴朝絕無推辭之意。只要朝廷需要，不管多少次，賴朝都會遵旨行事。只要力所能及，賴朝都會義不容辭。」

按照規矩，伊勢大神宮每二十年就要修建一次。建久二年（一一九一）春，有地頭不交納相關費用。朝廷方面把消息告知了鎌倉，賴朝回答說：「不僅這次的事情，只要是違反朝廷命令的人，都請依法處分，抑或交給賴朝處分。就算是賴朝自身違反，也請教訓。更何況是賴朝的家臣，請不必多慮。」

這時，日本國的命運都是賴朝一人承擔。天下的人民都仰視、注目著他的思想、信念和一舉一動。若他不懂尊重國家的政體，對朝廷傲慢，對伊勢大神宮不敬，武士都會效仿他，後果嚴重。然而賴朝，恭恭敬敬地下跪接受敕命，發誓說，不管遇到什麼樣的困難，只要是敕命，一定會完成。對待不遵守敕命的武士，賴朝嚴厲地叱罵說：「離開日本！」這一句話就能安定國家，國家不會有絲毫動搖。這種約束力不僅限於源氏三代，還覆蓋了整個鎌倉幕府，不僅如此，足利和德川都以賴朝為楷模，不敢越過賴朝。從大局來說，室町幕府和江戶幕府都受到了賴朝的指導和約束，而幕府，雖然說是一種變形，但是也沒有能改變日本國的本質。可以說，這全靠了賴朝這一句精彩的話。

◎承久的計策[29]（上）

賴朝死後

日語中有個詞叫「判官贔屭」[30]，表示對九郎判官義經的同情。日本人純情，喜歡義經，非常讚賞他的勇猛、慈愛和彬彬有禮。義經的結局是悲劇的，這就讓人們對他更加喜愛。弁慶、忠信等義經身邊的家臣，沒有一個人拋棄義經。靜御前在賴朝面前毫不畏懼，唱起思戀義經的歌。義經被殺後，首級送到了鎌倉，人們看到後紛紛落淚。這些都記載在幕府的記錄中，體現了日本人的純情和

29 關於後鳥羽天皇的倒幕，史學界通常用「承久之亂」來表述，而平泉澄在書中則用了「承久的計策」來形容，可見其對天皇的強烈崇敬之心，這也是其皇國史觀的體現。——譯者注

30 判官贔屓（はんがんびいき），「贔屓」指支援某人。——譯者注

俠氣。

比起義經，哥哥賴朝就得不到這樣的同情了，也沒有人氣。賴朝不坦率，也不單純，不會流下慈愛的眼淚，妒忌心還特別強，把立下大功的義經折磨到底。他對待義仲也是，把他兒子義高作為人質，把自己女兒嫁給義高，後來又把他殺死。賴朝的女兒還因此變得歇斯底里，讓賴朝煩惱不已。越看這賴朝，愈發現他讓人生厭。但是，從全日本國的角度來看的話，賴朝是平定當時的內亂不可或缺的人物。要不是他，沒有人能維持得了秩序，保證天下的治安。他對待平家、義仲、義經、範賴是過於殘忍了。但是，保元以來，武將們一直橫行霸道，為了不讓他們為所欲為，賴朝也是不得已而為之。而對於朝廷，賴朝雖然也有越界的地方，但朝廷長期以來萎靡不振，這樣下去是沒有辦法的。賴朝見此，就一方面決定了參加議奏的公卿的人選，另一方面在全國範圍安置了守護和地頭。毋庸置疑的是，幕府掌握了政治上的實權這點是不正常的。但從當時的實際情況來看，除此之外還有他法麼？沒有。義經是值得敬愛的英雄，與此相比，賴朝是值得佩服的偉大政治家。能從賴朝身上學到的經驗是很多的，後世中最尊敬賴朝、分析賴朝並且把他當作模範的是德川家康。

但是，要把賴朝評價為偉大的人物，要承認幕府政治是不得已的選擇，有一個非常重要的條件，那就是朝廷方面有著正常情況下無法修正的重大缺陷，並且，掌控幕府實權的人是誠心誠意地尊重皇室的，而且幕府還要有能力去維護治安。

賴朝這一代可以說具備了以上三個條件。正治元年（一一九九），賴朝一死，之後的形勢就變了。二代將軍賴家即位的時候才十八歲，本來就是個凡夫俗子，和一群庸人一起沉迷於享樂。整個鎌倉中還有佈告說，就算這群庸人胡作非為，他人也一律不得與之作對。靠著賴家去維持天下的治安是不可能的。很快，梶原一家滅亡，然後越後的城一家作亂，義經的哥哥全成被殺害，比企一家被滅。結果，賴家自己也被幽禁起來，後來被殺了。下一任將軍實朝，雖然為人良善，但沒有威嚴來率領武家。他接替賴家為鎌倉之主時才十二歲，平家的餘黨發起動亂也好，畠山重忠被殺害也好，他自己無論如何都沒有能力去處理。

皇國中興

鎌倉這邊發生了如此重大的問題，剛才提到的三個條件就產生了變化。與此同時，京都這邊發生了更大的變動。先來看建永元年（一二〇六）九月的追捕強盜事件。建永元年，實朝十五歲。這時在京都有一個叫交野八郎的強盜頭子，橫行霸道。後鳥羽天皇這時已經讓位給了土御門天皇，做了上皇，時年三十歲。上皇命令御所警衛的武士包圍強盜的根據地今津，自己親自前去巡查。而交野八郎這人是位好漢，面對四面圍剿，絲毫不懼。武士們根本沒辦法抓住他。上皇就親自在船上用船槳指揮，八郎馬上落網了。人們問他：「怎麼就被抓到了？」「我不懼怕武士，但是看到上皇將那沉重的船槳，像扇子一樣用單手揮舞和指揮，我就怯了。」上皇聽了，說「這傢伙能派上用場」，就把他收作「中間」[31]了。這種豪邁的態度，賴家是沒有的，實朝也很難有。征夷大將軍做不到的事情，後鳥羽上皇卻做到了。這樣一來，也就沒有必要任命征夷大將軍，幕府也就沒有存在的意義了。

在長達數百年的文弱之後，朝廷找回了勇武的精神。後鳥羽上皇捉拿強盜，是建永元年的事情。在此兩年前，元久元年（一二〇四），上皇命令公卿游泳渡過宇治川，讓他們赤身裸體在平等院前面集合，然後讓他們騎上沒有鞍的馬。上皇不僅讓他們練習游泳，還讓他們到山中狩鹿，鼓勵練習箭術，舉行流鏑馬，並且下令製作刀劍，分給大家。

上皇對武道都如此歷練和獎勵，更不用說專研學問了。上皇研究朝廷興盛之時的儀式和章典制度，下令進行討論和練習，還親自著述，這就是上、下兩卷的《世俗淺深秘抄》，該書記錄了朝廷的禮儀法式，並對其進行批判。批判的依據就是延喜、天曆年間醍醐、村上兩位天皇的日記。這樣看來，後鳥羽上皇抱著想回到延喜、天曆時代的希望。為了實現這理想，上皇自身專研文武兩道，還讓公卿們也去研究、鍛鍊。朝廷懷著崇高的理想，制訂了雄偉的計畫，為了恢復國家體制的健全而努力，公卿們刻苦磨練文武兩道。如此一來，幕府也就毫無用處

31 中間（ちゅうげん），在中世指侍奉貴族或者寺院僧人等的下人。——譯者注

了，何止無用，還有害。

繼承了後鳥羽上皇的精神，最熱心協助實現皇國日本中興的是順德天皇。其父鳥羽上皇作了《世俗淺深秘抄》，順德天皇就寫了《禁秘抄》。禁秘抄的「禁」，指的是禁裏，禁中的禁，也就是宮中的意思。這書記錄了宮中的規矩，從天皇的日常生活開始，根據以前的傳統和正式標準，對侍奉天皇的人的心得進行點評。這書的開頭寫道：

凡禁中作法，先神事，後他事，旦暮敬神之睿慮無懈怠。白地以神宮並內侍所方不為御跡。萬物隨出來，必先置台盤所棚。召女官被奉。

也就是說，在宮中，要以神事優先，先完成神事，再進行別的事情。即便是片刻，天皇也不會把腳對著伊勢大神宮以及內侍所的方位，並且，若有進貢品，先供奉到內侍所。可見天皇對神靈如此敬重。外國的帝王中有不少靠著武力去征服各方，不可一世地傲視一切。這和日本比起來，真是天壤之別。

後鳥羽上皇要中興皇國，順德天皇對此表示同感，願意協力。而大臣們呢？朝廷的重臣大多都同意，願意輔佐。權大納言藤原忠信、中納言藤原光親、權中納言藤原宗行、權中納言源有雅、參議藤原範茂，這些都是主要的人物。另外還有內大臣源通光、權大納言源定通、權中納言源通方等人，眾人齊心協力。

將軍實朝

朝廷這方，上皇、天皇、公卿重臣都在磨練文武兩道，向著皇國中興邁進，其理想和精神都廣為傳播。武士藤原秀康和僧侶法印尊長都各自發揮自己的作用，得到了上皇最大的信任。人們向各方尋求志同道合的人，連關東的武士都受到了召喚。

連鎌倉武士都受到召喚的話，沒有理由不想到將軍實朝。第一，實朝可是怒斥「違背敕命的人，滾出日本」的賴朝的兒子。第二，實朝是《萬葉集》的忠實讀者。《萬葉集》謳歌日本的國體，訴說其歷史，充滿尊崇天皇、為敕命捨身奉公的忠烈精神。實朝愛讀《萬葉集》，不知不覺自己作的和歌風格也變得跟《萬葉集》相近了。

世の中は　つねにもがもなこぐ
あまの小舟の　つなで悲しも

（願這世間永遠不要改變。看著划到岸邊的小舟，被船繩牽了過去，心中不禁一動。）

やらの崎　月影寒し　沖つ島
鴨といふ舟　浮寝すらしも

（月色寒涼，照著也良崎。鴨，如小舟一般，在水面漂浮著睡。）

這兩首都是萬葉的風格。特別是下面這首，是非常精彩的萬葉調。

大海の　磯もとどろに　寄する波
われて砕けて　裂けて散るかも
（猛烈的海浪拍打著海岸邊的岩石，發出陣陣轟鳴。大浪裂了，碎了，四處濺落。）

還有下面這幾首：

箱根路を　わが越えくれば　伊豆の海や
沖の小島に　波の寄る見ゆ
（我翻越過箱根的山路，就看到伊豆的海，白浪拍打著海上的小島。）

物云はぬ　四方のけだもの　すらだにも
あはれなるかな　親の子を思ふ
（就連在不能開口說話的野獸的世界裡，父母也會愛護自己的子女，真是深銘肺腑。）

時により　過ぐれば民の　なげきなり
八大龍王　雨やめ給へ
（時節不同，程度太過，百姓就會悲歎。八大龍王啊！請停了雨吧！）

もののふの　矢並つくろふ　籠手の上に
あられたばしる　那須の篠原
（在那須的筱原上，武士們整理著箭束。冰雹猛烈地打在護臂具上，四處濺開。）

這幾首和歌就已經不是模仿《萬葉集》的風格了，實朝自己就已經化身為了萬葉詩人。實朝是如此熱愛和熟悉《萬葉集》。「海行かば、水漬く屍、山行かば草むす屍」（戰死在海上，屍體就會被海水淹過；戰死在山中，屍體就會被草

覆蓋），「今日よりは、かへりみなくて、大君の、しこの御楯と出で立つわれは」（從今日起，我義無反顧，為了保衛大君[32]踏上征途）這樣的萬葉精神，怎麼會不深深打動實朝呢？

更巧的是，實朝的夫人是藤原忠信的妹妹，而忠信的伯母就是後鳥羽上皇的母親七條院。雖然這樣簡略地表述很失禮，但後鳥羽上皇和忠信就是堂兄弟的關係。那麼實朝的夫人，也就相當於後鳥羽上皇的堂妹。與尊崇皇室、赤膽忠心的實朝有著這樣的近親關係，上皇怎能不對他表明要中興皇國的偉大理想和策劃呢？上皇讓實朝堅決保密，叮囑他在萬事準備得當，時機到來之前，一定要隱藏在心中，不能洩露給他人。

實朝收到了後鳥羽上皇的密信，被深深打動了，於是作了三首歌。

㈠おほ君の　勅をかしこみ　ちちわくに

32 指一國之君。——譯者注

心はわくとも　人に云はめやも

上皇在心中叮囑皇在心中叮囑實朝千萬不要洩露給他人，這是非常困難的問題。實朝一個人苦思冥想，不知道如何是好。心中有疑惑，有煩惱，但絕對不能和別人商量，要將這一切藏在心中。這就是這首歌的大意。

㈡ひんがしの　国にわがをれば　朝日さす
はこやの山の　かげとなりにき

「はこやの山」，指的是上皇的御所。上皇的御所照不到陽光，被埋在陰影中，這是因為東面有著幕府，而自己是這幕府的將軍，實在是抱歉。這便是歌的大意。

㈢山は裂け　海はあせなむ　世なりとも

君にふたごころ　わがあらめやも

這首歌是說，一旦到了廢除幕府的時候，就會引起巨大的動亂吧，就算海沸山裂，大戰爆發，自己也會對朝廷絕對忠誠，絕無二心。

連將軍實朝都同意協助了，那麼廢除幕府、奪回朝廷的實權想必是容易的事情吧？然而事情並不簡單，因為北條氏不可能不知道這一切。北條義時不是一個理解日本國體、尊崇皇室的人。幕府還牢牢地掌握著實權，無論實朝怎樣勸說幕府把實權還給朝廷，義時都不可能同意。正因為如此，實朝才在歌中吟到心中苦悶，此事會引起海沸山裂。

實朝被殺

這秘密不會傳不到北條義時的耳中。他是個擅長謀略的人，一定會仔細地打探世間的動向。一旦被義時知道了的話，實朝的性命怕是會有危險。終於，這危險在承久元年（一二一九）的正月二十七日來到了。實朝在前一年得任右大臣，被任命為大臣的人必須到宮中行禮，而上京並不是一件容易的事，就以參拜鶴岡八幡宮來代替了。正月二十七日，實朝出發的時候，大江廣元擔心實朝，就讓他在衣服裡面再穿上護腹盔甲，以防萬一。但文章博士源仲章說沒有過這樣的先例，就拒絕了。實朝把自己的一根頭髮送給了為自己整理頭髮的人，說是留作紀念。他望著庭院的梅花，詠歌一首：

出でていなば主　なき宿と　なりぬとも
軒端の梅よ　春を忘るな
（我離開後，這裡就會變成無主之家吧？就算如此，簷頭的梅花啊，請不要忘記即將來到的春天，到那時，盡情綻放吧！）

看這態度，實朝恐怕已經預感到了自己會被殺害的不祥吧。參拜的佇列非常盛大，有隨從一千騎，而到了八幡宮門前的時候，只有少數人進去了。這是在夜間的參拜。夜幕降臨，開始下雪，積了兩尺之厚。必須戴劍陪同的北條義時來到門前的時候，說自己身體不適，就把劍交給了不懂武術的仲章，回家去了。當結束參拜，實朝正準備退下時，被躲在銀杏後面飛身而出的公曉殺害了，時年二十八歲。義時馬上派人殺了公曉。公曉是賴家的兒子，他想在實朝死後當將軍，而義時沒有准許，就把他殺了。之後，左大臣藤原道家的兒子，也就是賴朝妹妹的孫女的孩子，因為有源氏血緣，就被從京都帶了過來作為鎌倉之主。這人就是後來的賴經，這時是一個才兩歲的幼兒。幕府有責任統領兵馬，維持天下的治安。這兩歲的幼兒能擔當起這責任嗎？

◎承久的計策（下）

承久之亂

日本國中興之大計，只要將軍實朝還活著，就有希望順利地進展下去。而今，實朝被殺，源氏滅亡，北條氏名副其實地成為鎌倉幕府的中心，就已經完全沒有希望能通過商談來解決了。事到如今，朝廷覺得只能靠武力解決了。而出現在朝廷面前的是代表鎌倉來守衛京都的兩個人。一個是大江親廣，這是廣元的兒子。他被朝廷召喚，心懷感激，就來投靠朝廷一方。還有一人是佐藤光季，他的妹妹是北條義時的後妻，是不可能加入官軍的。於是，承久三年（一二二一）五月十五日，官軍一舉討伐了光季。光季的家臣中有很多人看見形勢不妙就逃走了，有二十七人還有廉恥之心，就和主人一同奮戰到底。光季的兒子壽王，十四歲，是年剛剛元服，稱作光綱。父親讓他回鎌倉，他拒絕了，和父親一同戰死。

在討伐佐藤光季的前一天，朝廷逮捕了西園寺父子，將他們囚禁在宮中。父親大納言公經的夫人，也就是兒子權中納言的母親，和鎌倉有血緣關係，與幕府走得近。西園寺家裡馬上派人向鎌倉告急。

五月十九日的正午，光季的使者到達鎌倉，一個小時後，西園寺家的使者也來了。鎌倉大亂，而只有一人絲毫不慌，這就是北條義時。他說：「我早就知道了。」義時的姐姐，二位尼政子，是賴朝的遺孀，實朝的母親。在這個人的面前，每個武士都要臣服。二位尼把關東將士召到竹簾前，對他們說：「你們都聽好了。你們今日的收入也好，官位也好，不都是因為賴朝公才得到的麼？這恩情比山高，比海深。你們是忘記這恩情，前往京中加入官軍，還是記住賴朝公的恩情，為鎌倉奮戰？明確態度，在這裡報上來！」

在場的大名小名，聽了這話都淚流滿面，發誓要向鎌倉盡忠。他們都沒有什麼學問，不能理解大義，只能感知和自己實際生活密切相關的恩情。

從鎌倉攻向京都的軍隊分成三路。東海道軍，北條泰時擔任大將，帶兵十萬。東山道軍，武田信光擔任大將，帶兵五萬。北陸道軍，北條朝時擔任大將，領兵四萬。三路軍共十九萬騎兵，二十五日的早上之前，全部出發。不愧是鎌倉武士，精神飽滿，行動迅速。與其對比起來，官軍的行動並不敏捷。聽聞關東的軍隊已經進入遠江，官軍才從京都出發。兩軍的決戰之地，就成了木曾川。官軍看緊了七處渡過木曾川之地。關東軍這邊，東海道和東山道的兵會合成為一路，逼近木曾川。從大井戶的渡口開始，官軍的防線破裂，賊軍來到了木曾川的右岸。守衛下游的官軍腹背受敵，慌慌張張地退回了京中。但是，其中令人矚目的是鏡右衛門尉久綱，他把自己的名字用黑字大大地寫在旗上，立在岸邊，英勇奮戰身亡。還必須一提的是山田次郎重忠，他看到己方大勢已去也依舊堅持奮戰，這種毅然的態度，就算千年之後也依舊會激勵人們。重忠帶著區區九十騎人馬，停在川邊，等待敵人。幾萬賊軍出現在了對岸，看到這景象，心生懷疑。

「你們是敵人還是自己人？」

「自己人」。

「自己人？是誰？」

「其實是敵人。」
「敵人的話，又是誰？」
「尾張國的住人，山田次郎重忠」。
敵軍惱羞成怒，一度要過河進攻。山田從對岸拼命放箭，把過來的人都斬殺了，後來收兵退去。
第二條戰線，自然就選在了勢多和宇治。山田次郎重忠防守勢多，用油紙傘指揮作戰。這防守雖然堅固，但戰鬥開始從宇治那邊敗退下來。當時下著很大的雷雨，河水漲了一尺三丈，很多士兵都淹死了。然而賊軍沒有退縮，最終還是渡過了宇治川。勝負已分曉。官軍一方的大將藤原朝俊英勇犧牲，山田重忠和三浦胤義都戰死了。北條泰時進入京都，開始處理戰後工作。參議藤原信能被送到美濃斬首，中納言藤原光親在駿河被斬。權中納言藤原宗行在被護送的途中，在遠江國菊川過宿。他在旅館的柱子上寫道：「普南陽縣菊水，汲下流而延齡。今東海道菊河，宿西岸而失命。」
四天後，宗行在駿河被斬首。還有參議藤原範茂，他在相模國的早河投河自盡了。權中納言源有雅被斬於甲斐。只有權大納言藤原忠信被送到了遠江，靠著其妹妹是將軍實朝的夫人這層關係，關鍵時刻得救一命，被流放到了越後。除此之外，被逐出朝廷的公卿達十多人。

就這樣，北條泰時斬殺了官軍的將士，還斬殺了公卿，然而他並不滿足。他請求仲恭天皇讓位給後崛河天皇，把後鳥羽上皇流放到隱岐，把順德上皇流放到佐渡。而土御門天皇則自己前往土佐，然後去了阿波。

後鳥羽上皇

後鳥羽上皇被流放到隱岐的時候四十二歲。剛到達島上的時候，他作了一首和歌。

ながらへて　たとへば末に　帰るとも
憂きはこの世の　都なりけり
（吾能否繼續活下去，再回到京都？在這世上，即便是京都也盡是令人悲傷之事。）

上皇在想，幾年後應該能回到京中吧。可是這泰時的心腸如鐵一般冰冷，他堅絕不允許讓上皇回到京都。上皇在隱岐島上度過了十九年，最後在島上過世了，享年六十歲。下面選幾首上皇在這十九年中作的歌。

我こそは　新島守よ　隠岐の海の
荒き浪風　心して吹け
（我才是這島上的新守護者。狂暴的隱岐海風啊，你可要好好考慮再刮。）

百千鳥　囀る空は　かはらねど

我身の春は　あらたまりつつ
（小鳥們依舊在天空中鳴囀。而我要迎接的這春天，卻和至今為止的都不一樣。）

古里を　しのぶの軒に　風過ぎて
苔のたもとに　にほふ橘
（沉浸在對京都的懷念中，風吹過骨碎補叢生的屋簷，撩動粗劣的僧衣袖，彷彿要撩起人的懷舊之情，飄來陣陣柑橘的清香。）

問はるるも　うれしくも無し　此の海を
渡らぬ人の　なけの情は
（收到問候的來信，卻一點也不愉快。不願渡海來到這隱岐的人，毫無真意。）

土御門上皇在四國度過了十一年，在阿波過世，享年三十七歲。順德上皇在前往佐渡的時候是二十五歲，在島上度過了二十二年，過世時四十六歲。他們的歌中都是淚水。

人ならぬ　岩木も更に　悲しきは
三つの小島の　秋の夕暮
（就連沒有生命的岩石和樹木，看到這秋日的美豆小島的黃昏，都愈發哀傷。）

かこつべき　野原の露の　虫の音も
我れより弱き　秋の夕ぐれ
（秋日的黃昏，原野沾滿露水。草叢中蟲鳴的陣陣恨意，亦不及我。）

むすびあへぬ　春の夢路の　ほどなきに

いくたび花の　咲きて散るらむ

（期盼回到京都的夢終究沒有實現。春日裡的櫻花，開了又散去。）

後鳥羽上皇在前往隱岐的悲慘路途中，陪伴他的人裡面有和氣長成和藤原能茂。長成既是忠臣和氣清麻呂的子孫，也是一名醫生，有這樣的人陪伴，上皇一定感到很安心吧。在上皇駕崩後，左衛門尉能茂把他的骨頭放入白木的箱子中，小心翼翼地掛在自己脖子上，回到京都。他是官軍的大將能登守秀康的外甥，來到島上時是十七歲的青年。後來，他將上皇的屍骨埋在大原，侍奉安置在水無瀨的上皇肖像度過了一生。他的子子孫孫都繼承了他的意志，在水無瀨的神宮中侍奉了長達六百五十年，直到明治的時候。

順德上皇前往佐渡的時候，陪伴他的人裡面有一人是藤原康光，一人是盛實，還有一人是和氣有貞。有貞是和氣清麻呂的子孫。

承久元年（一二一九）的實朝和承久三年（一二二一）的三位上皇的結局都如此令人痛心。說起征夷大將軍，會給人一種嚴厲的感覺，而其實實朝是溫和、重情義的人。他作的歌能充分體現他的心態。

いとほしや　見るに涙も　とどまらず
親もなき子の　母をたづぬる
（太可憐了。看在眼中，淚無法停止。無親無故的孩子，在找尋著他母親。）

這是他看到孤兒時作的歌。

道遠し　腰は二重に　かがまれり
杖にすがりて　ここまでも来る
（來到這裡的路如此遙遠。腰都彎成了兩段，撐著拐杖，好不容易來到了這裡。）

さりともと　思ふ物から　日を経ては
次第々々に　弱る悲しき
（就算如此，也覺得還硬朗。可時光流逝，還是逐漸衰老了。好傷感啊。）

這是他看到九十多歲的老人起居不便時作的歌。如此溫柔的重情之人，卻遭遇到了那樣悲慘的下場。

後鳥羽上皇作的歌中，最重要的是下面這首。

奥山の　おどろが下も　ふみわけて
道ある世ぞと　人に知らせん

「おどろ」指的是有刺的荊棘。上皇說，現今的日本，儘管荒涼不已，荊棘重生，看似沒有出路，但只要踏過這荊棘，治理這亂世，就能讓世人知曉，日本這個國家直到今日也是端正的有道義和道德的國家。然而不幸的是，這荊棘如此強硬，想要踏過去的上皇，一定把腳弄傷了。

北條氏的殘忍

就這樣，北條義時、泰時父子踐踏了義朝的心，強烈反對上皇的計策。戰鬥結束後，檢非違史後藤基清被捕，北條泰時讓基清的兒子左衛門尉基綱將他斬殺。基綱作為兒子，卻斬殺了自己的父親，而下達如此背離人道的命令的是泰時。官軍一方的山城守佐佐木廣綱的兒子勢多伽丸，是約莫十一二歲的少年，被抓到了六波羅去。仁和寺的皇子請求泰時饒過少年一命，泰時答應了。少年的母親歡喜地帶了他回去。路上，偏偏遇到了少年的叔父信綱。信綱對泰時說：「請把那孩子給殺了。留他一命的話對我來說是個麻煩。」泰時就改了之前的裁決，叫回少年，讓信綱把他殺了。

戰敗的人們向四面八方逃命，有許多人逃到了栂尾的山中。山中有個高山寺，住持明惠是個慈悲為懷的人。他將逃命的人們藏匿起來，熱心地保護他們。北條的部下知道後，將明惠綁起來押到了六波羅。泰時看到後大吃一驚，親自解開繩索，問道：「到底發生了什麼？」明惠冷靜地說：「栂尾山是不允許殺生的，我是侍奉佛祖之人，看到被鷹追逐的鳥，被獵人追捕的獸，都會救其一命。更不用說逃命而來的人了，我不會不救。我確實藏匿了官軍的將士，今後也打算保護他們。如果這是不被允許的，請砍下我腦袋吧！」泰時深深地佩服明惠，就讓他回到寺院去了。動亂稍微平靜後，泰時前往栂尾山，接受明惠的教誨。明惠說：「日本從神武天皇以來，皇統至今連綿不絕。因此，天皇之命，必須遵從。若不願意遵從，就立刻離開日本，去中國也好，去印度也罷。你滅官軍，殺入京中，將上皇們流放到偏遠的島上，殺生無數。這是多大的過錯啊！如此罪孽深重，不是輕易就能贖罪的。」

打勝後洋洋得意的泰時聽後，自然是被明惠折服，深深低下了頭。當時，面對泰時能夠如此堂堂正正說教、訓斥的人，只有明惠。

以上便是泰時在京都所做的處理。在關東，泰時所下的處分也是非常殘忍的。加入官軍的三浦胤義，戰敗後和長子義連、十六歲的次子兼義一起自盡了。而他的三兒子以下的孩子們，在相模由祖母撫養著，一共五人，分別只有十一歲、九歲、七歲、五歲、三歲，泰時把他們全部殺害了。

如此善於陰謀，如此殘忍的性格，從時政、義時、泰時、時賴，一直到後面的高時，都是一樣的。在幕府裡，他們雖只處於執權[33]之位，上有將軍，但是能隨意地任命、驅逐將軍，自己牢牢地掌握著實權。那時，想要對時賴說教的是道元。他為此特意從越前的永平寺來到鐮倉，想教化時賴。待了半年之後，道元發現時賴心中一點都沒有接受，就失望地回到北國去了。

33 執權（しっけん），鐮倉幕府政所（政務機關之一，主要處理財政與訴訟）的長官。——譯者注

◎北條時宗

蒙古帝國

北條時賴的兒子是時宗。在時宗當權的時期，日本遭遇了大難，那就是蒙古的襲來。中國歷代的王朝，經常因為北方民族吃了不少苦。秦始皇一統戰國，創建了強大的國家，即便如此他也懼怕北方民族，築了萬里長城，駐兵三十萬以做防備。秦朝後面的漢朝雖然也是繁榮富強的國家，但也常因北方民族的問題而頭疼。這些人在月夜發動襲擊，掠取財物，把人捉走做奴隸。他們還耐寒，不懼怕雪天。就連漢高祖也曾被他們的四十萬騎兵包圍過，九死一生。

此時日本正當鎌倉時代，中國是宋朝，而雄霸北方的是蒙古。偉大的成吉思汗（一一六二至一二二七）出現時，日本正是源義經活動的時期，具體說來，成吉思汗比義經小三歲。就是他，讓蒙古的名聲瞬間震驚了全世界。成吉思汗十三歲時喪父，之後親自出征四方，一輩子殲滅的國家達四十個。他的後繼人全都繼承了他的志向，到世祖的那代，共征戰了七八十年。他們發動一個接一個的戰爭，一個接一個的侵略，奪取了亞歐大陸的一大半，建立了空前的大帝國，東臨朝鮮，南接印度，東至爪哇，西接東歐一帶。

世祖即位的時候，北條時賴三十四歲，其子時宗才十歲。世祖每到一處，就收取重稅，若有不從，就掠走財物，要麼把人殺死，要麼抓走做奴隸。在蒙古擴張過程中，在東邊，朝鮮是第一個犧牲國。在這之前，朝鮮從高宗時代開始就已經飽受蒙古折磨。試舉一例。高宗十九年，朝鮮接到蒙古的命令，要求進獻水瀨皮千張，貴族子弟的少年少女各五百人，外加各種技術專家。不管哪個都是讓高麗非常頭疼的要求，於是高麗向蒙古說明情況，希望能減免一些。誰知蒙古把高麗的使者抓了起來，送到了內地，高麗嚇得把首都遷到了江華島。據說高宗四十一年（日本建長六年，一二五四）的一年間，被蒙古生擒的高麗男女達到了二十萬六千八百多人，而被殺害的則不計其數。

後來，蒙古改變方針，不去折磨朝鮮了，把它拉進自己陣營，當作進攻日本的前鋒部隊。文永五年（一二六八），蒙古的使者到達九州的太宰府，送來國書。國書上說：「如今，世界萬國皆成蒙古屬國。高麗起初雖抵抗，但耗盡力氣，終也臣服。日本是小國，儘早歸順為上。」[34]也就是說要日本成為蒙古的屬國，交出人質，進貢物品。國書最後還說：「比起用兵，哪個是貴國所望？請王自行定奪。」就是說：「是投降還是打仗，由你們選。」當時北條時宗十八歲，馬上向朝廷上奏此事。朝廷決定，對蒙古國這樣無禮的國書不予回覆。時宗向全國的御家人通告此事，讓他們做好決戰的準備。

文永六年（一二六九），蒙古再次派來使者。據說，這一次日本也卑躬屈膝地給予了回覆。賀茂的正傳寺住持慧安感慨道：「聽聞蒙古計畫先攻下高麗，再拿下日本，然後聯合這兩國兵力，進攻宋朝和印度。如今蒙古和高麗，兩國的服裝相同，而且是高麗人作為蒙古的使者帶來國書。如此看來，傳聞是真。計畫一定是如期進行中。」慧安還祈禱著：「希望儘早拒絕蒙古使者的要求，維護神國日本的威嚴。」

這時，朝廷確實打算回覆蒙古。回覆的草案是菅原道真的子孫菅原長成所寫，文章非常出色，充滿威嚴：「蒙古一國，至今聞所未聞，也毫無交情。因

34 作者在此引用的並非國書原文，可參見《鎌倉遺文古文書編》（十三卷九五六四號），全文如下：

蒙古國牒狀
上天眷命
大蒙古國皇帝、奉書
日本國王、朕惟自古小國之君、境土相接、尚務講信修睦、
況我
祖宗、受天明命、奄有區夏、遐方異域、畏威懷德者、不可
悉數、朕即位之初、以高麗無辜之民、久瘁鋒鏑、即令罷兵、
還其疆城、反其旄倪、高麗君臣感戴來朝、義雖君臣、而
若父子、計
王之君臣亦已知之、高麗朕之東藩也、日本密邇高麗開國以
來、亦時通中國、至於朕躬、而無一乘之使以通和好、尚恐
王國知之未審、故特遣使持書、佈告朕志、冀自今以往、通
問結好、以相親睦、且聖人以四海為家、不相通好、豈一家
之理哉、至用兵、夫孰所好、
王其圖之、不宣、
至元三年八月日

——譯者注

此，沒有利害關係，也沒有感情糾葛。卻如此突然要求用武力來達到要求，實在是太無禮。日本乃神國，既不以智相爭，也不以武相鬥。請斟酌。」[35]長成把這樣的文意用非常好的文筆寫了出來，絕不是慧安擔心的那種卑微的態度。然而，朝廷把這將交予蒙古的回覆給了幕府過目。時宗對蒙古的無禮非常憤慨，說：「要給如此無禮的使者回覆，實在是不值得。對用武力作為威脅的人，就用武力去回覆吧。」然後就把回覆截下了。

元兵襲來

文永八年（一二七一），蒙古改國號為元。據古書記載：「元的全盛時期，向其進貢的屬國達一千多個。全世界都已向它屈服。」定國號為「元」，也是「一統全世界的國家」之意。這時，北條時宗二十一歲，他一直都注意海外的動向，故對元的勢力、目的、行動瞭若指掌。

文永十一年（一二七四）十月，元的大軍襲來。元軍兵力合一萬五千，再加上高麗的八千兵力。他們分乘九百多艘戰艦，先攻打了對馬。守護代宗資國率八十騎兵英勇奮戰，一家全部滅亡。敵人進一步攻到壹岐，守護代平景隆率百騎迎戰，翌日全敗，景隆自盡。敵軍終於在九州登陸。少貳、大友、島津、臼杵、松

35 菅原長成的文章題為《贈蒙古國中書省牒》，可參見《國史大系》第三十卷（「本朝文集」第六十七篇），原文如下：

日本國太政官牒　蒙古國中書省。附高麗國使人牒送。

牒。得太宰府去年九月二十四日解狀。去十七日申時。異國船一隻。來著對馬島伊那浦。依例令存問來由之處。高麗國使人參來也。仍相副彼國並蒙古國牒。言上如件者。就解狀案事情。蒙古之號。於今未聞。尺素無脛初來。寸丹非面僅察。原漢唐以降之蹤。觀使介往還之道。緬依內外典籍之通義。雖成風俗融化之好禮。外交中絕。驪遷翰轉。粵傳鄉信。忽請鄰睦。當斯節次。不得根究。然而呈上之命。緣底不容。音問縱雲霧萬里之西巡。心負忘胡越一體之前言。抑貴國曾無人物之通。本朝何有好惡之便。不顧由緒。欲用凶器。和風再報。疑冰猶厚。聖人之書。釋氏之教。以濟生為素懷。以奪命為黑業。何稱帝德仁義之境。還開民庶殺傷之源乎。凡自天照皇大神耀天統。至日本今皇帝受日嗣。聖明所覃。莫不屬左廟右稷之靈。得一無貳之盟。百王之鎮護孔昭。四夷之修靖無紊。故以皇土永號神國。非可以智競。非可以力爭。難以一二。乞也思量。左大臣宣。奉敕。彼到著之使。定留於對馬島。此丹青之信。宜傳自高麗國者。今以狀牒。牒到準狀。故牒。

文永七年正月日

——譯者注

浦、菊池、原田等諸家英勇奮戰防備，但因元兵的武器和戰術和日本都大不相同，所以並非易事。然而，激戰中的二十日夜晚，來了場狂風暴雨，敵人的戰艦都被破壞，沉入海底。溺死者達一萬三千五百人，生存者全都逃回去了。

建治元年（一二七五），元朝又派來使者。時宗怒斥其無禮，將其斬殺，進一步加緊國防。

弘安四年（一二八一）五月，元朝大軍再次襲來。這次分為兩路進攻。第一軍從朝鮮攻來，兵數四萬。第二軍從揚子江那邊攻來，兵數十萬。兩軍競相朝九州進發。而日軍吸取了文永十一年的經驗，採取不讓敵人登陸的方針，在海岸一帶建起石築地，以此為據點，打算在起浪之際，將敵軍打敗。敵軍無法上岸，無奈只能把船連接起來，浮在海上。七月三十一日夜晚到閏七月一日的早晨間，刮起了暴風，捲起了大浪。海上的艦船有一大半都覆滅了，大批兵士溺死。逃過一劫登上各個島的人，也被日軍打得全軍覆沒。有個叫范文虎的第二軍司令官，《元史》中有關於這個人的傳記：「文虎也落入海中，在海上漂浮了一晝夜，幸虧趴在一塊船板上得以存活。但十多萬兵士被日本軍殺死，活著逃回來的只有三人。」[36]文永、弘安兩次戰鬥，都有暴風出現幫助日本。但話說回來，也是因為日軍英勇戰鬥，不讓敵人輕易登陸，敵兵無奈只能留在船上，才會被暴風吹翻船。在各家的記錄上都可以看到在弘安四年大風之後的那場慘烈的掃蕩戰。少貳、大友、島津、秋月、菊池、竹崎、河野，大矢野等將士都立下了戰功。

經歷兩次失敗後，元朝終於放棄了侵略日本的念頭。亞歐兩大陸，也就是當時的全世界，不管去到哪裡，元都是戰無不勝。唯獨對日本，元無能為力。這得利於日本四面環海的地利，而且將士們不畏大軍、英勇奮戰、殲滅敵人的功績也是巨大的。但最根本的還是朝廷和幕府毅然的態度，這是不能忘卻的。

朝廷方面，龜山上皇在伊勢大神宮祈禱，願以身承受國難。對此，《增鏡》有相關記載。通過下面的和歌，可窺見上皇的心境。

36 《元史》中並沒有範文虎傳。平泉澄此處是綜合了《元史》中「十萬之眾得還者三人耳」（卷二百八，列傳九十五），以及《新元史》中「漂流免死者尚數千人，至鷹島，繕治壞船，欲逃歸，皆為日本人所殺。範文虎，李庭等船亦壞，庭抱船板漂抵岸上，以餘眾由高麗北還」等資訊來進行表述的。——譯者注

世のための　風をさまれと　思ふかな
花の都の　春のあけぼの
（春日，京中櫻花盛開。吾祈願於黎明，為了吾國安危，願這狂風平息。）

ゆくすゑも　さぞな栄えむ　誓あれば
神の国なる　我が国ぞかし
（吾國定會昌盛，只要誠心起誓。吾國乃神國，神靈必會庇護。）

ちはやぶる　神の定めむ　わが国は
うごかじものを　あらがねの土
（吾國乃神靈之創，這大地定會永世堅不可摧。）

命にも　かへばやとおもふ　心をば
知らでや花の　やすく散るらむ

（櫻花無意，紛紛散落。它們可知，吾願獻出性命？）

この世には　消ゆべき法の　ともし火を
身にかへてこそ　我は照さめ
（世間的道理，如這燈火，將要滅去。吾將用盡餘生去照耀。）

世のために　身をば惜しまぬ　心とも
あらぶる神は　照らし見るらむ
（神靈啊，請見證吧！為了這世間，吾將不惜己命。）

把以上和歌，與剛才提到菅原長成奉命予元的回覆一對照，就可以發現，朝廷對於國體是多麼自信，是多麼愛國。

執權時宗

毫無疑問，幕府的中心人物是北條時宗。文永五年（一二六八），十八歲的時宗就任執權，文永十一年（一二七四）時是二十四歲，弘安四年（一二八一）時是三十一歲。他雙肩上承擔著國防的全部責任，面對翻覆大海般襲來的元朝大軍也不動搖，最終將其殲滅。事情過後回過來看，仿佛沒有什麼大不了，但實際上時宗當時可是用心良苦。時宗從中國請來德高望重的高僧，指導自己修身養性。在中國，宋被元滅，世間混亂，優秀的人才很樂意接受日本國的邀請，來到日本接受諮詢討教。文永六年（一二六九），正念來到日本，對時宗這樣說：

勿起分別之念。

無須迴避。

第一，不要與諸事道別，要小聰明，自尋煩惱。第二，一步都不要向旁邊邁出，不管遇到什麼樣的強敵來襲，都要正面迎接，強硬地對戰。時宗聽取了這個忠告。觀察時宗的腳步可以發現，他絲毫沒有要避開大戰的跡象。

弘安元年（一二七八）十二月，時宗看出元兵的二次來襲已近，便派遣兩名禪僧到中國，去邀請優秀的人才來日，被選中的是祖元。時宗請求祖元在途中勿要和別人會面，直接來鎌倉。祖元答應了。他在中國早已經歷過元兵的暴行。元兵襲擊了他的寺院，把刀架在他的脖子上，而他絲毫不懼，心平氣和地吟起了詩。詩的下句為：

珍重大元三尺劍，
電光影裡斬春風。

據說元兵大吃一驚，鄭重地道歉後逃走了。如此出色的人物，被迎到了鎌倉。弘安四年（一二八一），在元兵第二次來襲之前，時宗來向祖元討教。而祖元對時宗的教誨是：「勿用煩惱。」

「此話怎講？」時宗問道。

「春末或夏初，博多怕是要有騷亂。無須擔心，事情很快就會平復。」祖元說道。

祖元事先就覺察到，弘安四年元兵要襲來。而他教與時宗的，正是和正念一樣，要盡力不去「自尋煩惱」。

司令官若是慌了或是怕了，那就無可奈何了。船靠船長，飛機靠機長，幕府靠執權。文永和弘安的兩次大國難時，都是時宗擔任執權，這是日本國的大幸。北條氏的九代中，從時政到高時，都是不好的人物。唯獨時宗一人，國難當頭，負起了國防的重責，贖了北條氏一族的罪。回過頭看，源氏的長處是尊王和尚武，缺陷是殘忍刻薄。把其中的尊王去掉，北條氏身上流傳的唯獨尚武和殘忍的性格。在這北條氏的九代中，對日本國有著大貢獻的是時宗。他雖然有弒弟這個缺陷，但他擊退了元兵的襲擊，不得不說這是巨大的功績。

後醍醐天皇

天皇之親政

蒙古自中國北方而起，馬踏四方，遇國滅國，遇地便侵略，遇人則掠為奴隸，遇物則占為己有。終於進入中國的中央，改國名為元，名副其實要統一全世界。無人能阻擋其前進的腳步，被其滅亡的國家不勝枚舉。然而唯獨日本，毅然拒絕元的要求，不屈服於它的威脅，漂亮地擊退了文永、弘安兩次侵略。弘安之役時，元的第二軍約有十萬人，最終生還三人，這結果震驚世人。同時，這也讓日本信心倍增，「吾國乃神國」這樣的信念越來越強，人們變得勇氣百倍。但若深思日本的國體，卻又不得不這樣質疑，即朝廷和幕府相對立的這種不正常的狀態果真無礙嗎？更不可思議的是，朝廷上是上皇在施行院政，天皇和政治沒有直接的關係。這些都應該引起人們的關注。

蒙古在文永、弘安年間的兩次侵略，時逢龜山上皇的院政期。天皇是後宇多天皇，龜山上皇的皇子。文永十一年（一二七四）時天皇八歲，弘安四年（一二八一）時十五歲。面對巨大的國難，上皇是如何祈禱的，時宗是怎麼應對的，將士們是怎樣奮戰的，關於這些天皇一定非常了解，也深思過。但後宇多天皇的這一代，時運還未成熟，於是他便把一切希望寄託到下一代天皇身上了吧。而這些是從何得知的？後宇多天皇駕崩之時，留下遺命，自稱後宇多天皇。

當時，人們心目中日本的黃金時代是延喜、天曆年間，也就是醍醐天皇、村上天皇的時代。村上天皇是醍醐天皇的兒子，而醍醐天皇則是宇多天皇的兒子。如今，天皇自稱後宇多天皇，就是希望、期待自己的兒子成為後醍醐天皇，孫子成為後村上天皇的表現。若要實現此願望，在後醍醐天皇的時代就必須停止院政，實行天皇親政，設立記錄所整理莊園，還必須廢除幕府。

文保二年（一三一八）二月，後醍醐天皇即位，其父後宇多天皇施行了一段時間的院政，到了第四年的元享元年（一三二一）十二月，後宇多上皇停止院政，恢復了天皇的親政。同月，朝廷裡設立了記錄所。兩百五十年前，後三條天皇想要實行卻未能實現的改革，從此由後醍醐天皇來實行。

世間很快傳遍了後醍醐天皇欲實行政治改革，讓國家回到正常的狀態的消息。人們歡呼雀躍，滿懷希望。此事從《元亨釋書》中可見一斑。《元亨釋書》是師煉的著作，他是一名出色的學者。他在三十三歲的時候，向從中國來的高僧一寧討教問題。一寧逐一回答之後，說：「現在我自己也想提問。」於是問師煉日本的名僧有哪些，而師煉卻沒能很好地回答。一寧見此，說道：「你對於中國和印度這些外國的事情很了解，卻對自己的國家一無所知，這不是忘本嗎？」於是，師煉覺察到自己的學問和著眼點是不正確的。從那以後，他研究日本佛教史十六年，終在元亨二年（一三二二）的秋天完成了偉大的《元亨釋書》共三十卷，獻給朝廷。上表文中寫道：「當今聖上的出現，讓日本國得以中興，回到了延喜和天曆的盛世。國民感激不盡。」

在後醍醐天皇為了日本國的中興前進的時候，是哪些人物輔佐朝廷呢？來看看正中元年（一三二四），天皇三十七歲時的情況：

大納言　北畠親房　三十二歲
中納言　藤原師賢　二十四歲
權中納言　日野資朝　三十五歲
少納言　源具行　三十六歲
參議藤　原藤房　三十歲
藏人頭　平成輔　三十四歲

這些都是學問深厚、見多識廣，且有勇氣的名臣。另外，日野俊基儘管出身低微，卻深得天皇信任，被提拔為藏人。他侍奉在天皇身邊，掌管機密。

正中之變

就這樣，天皇招納賢士，一方面獎勵鑽研學問有修養的人，另一方面召喚志同道合的人，拓寬道路。資朝和俊基化身為在山中修行之人，周遊諸國，網羅勤王之士。這是因為一旦到了中興日本之時，首先必須解決的重大問題就是倒幕。而倒幕之事須萬分小心，秘密行事，不能公然成立參謀本部，於是就借研究學問之名集合商議此事。當時非常有名的學者玄惠法印是講師，用韓退之的文集作教本，志同道合的人們就以聽講義為名聚集在一起。講義聽著聽著，氣氛融洽了，大家就商量戰略，這被稱作「無禮講」。

不幸的是，同志中有一名懦弱的武士，把這件事跟自己妻子說漏嘴了。這妻子很擔憂，就跟娘家的父親商量。而這位父親是幕府的官員，聽說這事情之後忍無可忍，就跟鎌倉幕府彙報了。正中元年（一三二四）九月十九日清晨，六波羅的軍隊分成兩路，進攻了參加無禮講的武士土岐和多治見。兩人猝不及防，但仍沉著應戰，奮勇殺敵，一家主僕，全部戰死。被曝光名字的武士是這戰死的二位，而公卿中被曝光姓名的有資朝和俊基。幕府將二人召喚到鎌倉。資朝是個堂堂男子漢，斬釘截鐵地說這全部都是他一個人的計畫，除了土岐和多治見之外沒有同伴，於是他一個人承擔了所有的責任，被流放到了佐渡。多虧這樣，其他的公卿和武士都得救了，連俊基也被釋放，回到了京都。

元弘之變

天皇近侍中還有俊基，武士中還有足助，這對實行今後的計畫非常有益。至今為止的計畫都是以資朝為中心進行的，此後改由俊基來推進。大塔宮（即護良親王）和妙法院宮宗良親王入住比叡山，相繼成為天台座主，統率一山，後醍醐天皇也去行幸。奈良方面，天皇到春日社、東大寺和興福寺行幸，將他們拉入自己陣營。天皇把這些勢力和諸國的勤王將士召集起來，以打倒幕府。然而在計畫漸漸進行的時候，幕府覺察到了這一切。元弘元年（一三三一）五月，幕府逮捕了俊基，將其押送至鎌倉。關於這段自古有名的歷史，《太平記》裡面有記載：「七月十一日，再次被逮捕至六波羅，送至關東。法令中已規定，再犯不會得赦免，不管如何辯解也不會得到原諒了吧。或在半路喪命，或在鎌倉被斬，想必不離此二。俊基帶著必死的覺悟離開京都去鎌倉。」接下來是首七五調[37]的詩：

落花の雪に　踏み迷ふ
片野の春の　桜狩
紅葉の錦を　着て帰る
嵐の山の　秋の暮
一夜を明かす　ほどだにも
旅寝となれば　ものうきに
恩愛の契り　浅からぬ
我が故郷の　妻子をば
行衛も知らず　思ひ置き
年久しくも　住み馴れし

37　七五調（しちごちょう），反覆以七音節、五音節構成格律的句式。——譯者注

九重の　帝都をば
今を限りと　かへりみて
思はぬ旅に　出で給ふ
心の中ぞ　あはれなる

（迷步落花雪，覓櫻片野春。身披紅葉歸，嵐山入秋暮。夜若寢客舍，一宿亦難捱。況今離花都，難捨妻與子。猶戀故鄉情，憂愁滿胸膛。）

中略。

時雨もいたく　森山の
木下露に　袖ぬれて
風に露散る　篠原や
篠分くる道を　過ぎ行けば
鏡の山はありとても

涙に曇りて　見えわかず
物を思へば　夜の間にも
老蘇の森の　下草に
駒をとどめて　かへりみる
故郷を雲や　隔つらん
番馬、醒井　柏原
不破の関屋は　荒れ果てて
猶漏るものは　秋の雨の
いつか我身の　尾張なる
熱田の八剣　伏し拝み
潮干に今や　鳴海潟
傾く月に　道見えて
明けぬ暮ぬと　行く道の
末はいづくと　遠江

浜名の橋の　夕潮に
引く人もなき　捨小舟
沈みはてぬる　身にしあれば
誰か哀れと　夕暮の
晩鐘鳴れば　今はとて
池田の宿に　着き給ふ

（陣雨淋漓降青山，樹下雨露濕衣袖。筱原風吹散露珠，小徑蜿蜒過竹林。鏡山聳立現眼前，淚眼蒙矓渾不見。夜深堵物思故鄉，老蘇林中生從草。勒馬不前驀回首，雲霧繚繞隔故鄉。番馬醒井柏原去，不破關屋已荒蕪。唯漏秋雨伴我身，靜思吾命何時已。尾張熱田拜八劍，潮汐退卻鳴海泄。月光皎皎照路明，日明入暮問前路。遠江濱名日落橋，夕潮扁舟繫無人。吾身若似此舟沉。心傷哀泣有人無，晚鐘沉沉及池田。）

後文比較長，這裡就省略了。往返於京都和鎌倉之間的人不計其數，而《太平記》卻特別地花了很多筆墨描述俊基的東下，還作了淒美的詩句來描述俊基的路途。這是出於對必死的俊基朝臣的赴死之旅的深深同情吧。俊基離開京都是七月十一日，於當月二十六日到達鎌倉，然後就被斬殺了。

之前，倒幕計畫的中心人物是資朝，而正中元年他被流放到佐渡之後，接替他的中心位置的是俊基。而俊基落到鎌倉那邊之後，計畫就由權中納言源具行（北畠）來負責。具行當時四十二歲，他領兵攻向六波羅的時候，在元弘元年八月二十四日的夜晚，接到密告說，幕府的軍隊要攻入宮中。而朝廷還沒做好應對的準備，他馬上決定讓天皇移駕到奈良，讓大納言師賢假裝行幸的樣子前往比叡山，混淆賊兵的耳目，同時又把比叡山拉入自己陣營。後來師賢認為奈良仍不安全，又讓天皇前往和束的鷲峰山，可此處也有諸多不便，就決定讓其轉移到笠置寺去。笠置山地勢天險，可作為天然的城郭，非常適合打防禦戰。

六波羅得知此事後，兵分四路，從四面圍攻笠置寺。官軍奮勇迎戰，特別是三河國的住人足助重範的強弓震懾了賊軍。鎌倉的北條高時聽說之後，就加派了關東的大批部隊。若是等待這關東的大部隊來支援的話，現在進攻中的六波羅軍隊就沒有臉面了，於是他們一急之下火攻笠置寺。整座山都被煙霧包圍，官軍也終於敗下陣來。

移駕隱岐

後醍醐天皇在藤房、季房兄弟的陪同下小心翼翼地逃出了笠置山，想前往河內的赤阪。但是賊軍的搜索非常嚴密，他們只能在夜裡趕路。《太平記》裡有和歌記載了當時的情景：

風吹過松樹梢，陛下便問可是要下雨了。進入叢林後，殿下被樹下的露水濕了衣袖。陛下見此，說：

さしてゆく　笠置の山を　出でしより
あめが下には　かくれがも無し

（披著斗笠，出了這笠置山後，這天下已經沒有可以避雨之地了。）

藤房卿聽後，回應陛下：

いかにせん　憑む陰とて　立ちよれば

なほ袖ぬらす　松の下露

（這可如何是好。以為是能避雨的樹蔭，來到後卻被樹下的露水濕了衣袖，淚滿襟。）

賊軍最終還是發現了天皇一行，把天皇送到了京都。次年春天，天皇被流放到遙遠的隱岐。京中的人們都哭泣著送行，依依不捨。

連天皇都被流放到隱岐，可見幕府處置的嚴厲程度。日野資朝早在九年前就被軟禁在佐渡，元弘二年（一三三二）夏天，北條高時下令讓守護本間山城入道將資朝斬殺。當時資朝的兒子阿新丸才十三歲，聽說父親臨危，無論如何都想見一面，就來到佐渡，但是守護不允許他們見面。之後，父親被斬殺，阿新丸滿心怒火，要殺了守護，卻未能成功，於是就將斬殺了父親的劊子手本間三郎殺死，穿過竹林越過山溝，在山中修行者的幫助下回到了京都。

日野俊基在鎌倉被斬，北畠具行在近江的柏原被斬，平成輔在伊豆被斬。深得天皇信任的花山院師賢被流放到下總，不久就去世了。藤房和其弟季房分別被流放到常陸和下野。除此之外，還有很多人被判了死刑或者流放。

後醍醐天皇親政十一年，為了讓日本國回到正常的狀態，費勁苦心，不懈努力，卻換來這樣令人痛心的結果。天皇前往在此一百年前後鳥羽上皇被流放的隱岐，懷著同樣的志向與悲歎。而《太平記》在記錄了這段天皇移駕隱岐的故事之後感慨道：

今年到底是什麼樣的年啊？百官無罪，卻被流放到他鄉，在那遙望著明月流淚。天子退位，被異鄉的風吹得煩惱。開天闢地以來，從沒聽說過如此不可思議之事。天上的日月光輝都要黯然失色，無情的草木也為聖上被流放而傷悲，忘卻了要開花。

楠木正成

護良親王

後醍醐天皇被流放到了隱岐，資朝、俊基、具行等人被殺，師賢、藤房等人也被判流放，日本國中興的大計似乎已經沒有希望了。萬幸的是，有兩位偉大的人物還活著，他們完成了回天之偉業，他們就是大塔宮護良親王和楠木正成。

護良親王是後醍醐天皇的皇子中最年長的。元弘元年（一三三一），他還在比叡山指揮僧兵，因局勢有變，便下山，暫時藏身在奈良的般若寺。賊兵聽到風聲後，派了五百多騎兵包圍寺院，進行搜索。親王從裝了大般若經的三個唐櫃中的一個中搬出一半經書，自己爬了進去，故意不蓋上蓋子，讓經書蓋在自己身上。賊兵們搜遍了寺院，最後說：「把經櫃打開看看！」於是，搜了那兩個蓋了蓋子的櫃子，覺得不蓋蓋子的就用不著去看了，便暫且離開了。親王為防萬一，就轉移到了蓋著蓋子的櫃子中。而賊兵折了回來，說「不查一次打開的櫃子實在不放心」，就搜查了一次。「還以為裡面有大塔宮，沒想到是大唐的玄奘三藏！」賊兵們一邊開玩笑一邊撤離了。

脫離險境之後，親王趕往熊野。有九人同行，以親王為首，大家都身著柿色的衣服，背上背箱，扮作山中修行者，平安無事地到達了熊野。眾人依舊不安心，就進入十津川，再登上了吉野山。這期間，親王一行和在隱岐的天皇、河內的楠木正成都保持著聯繫，向全國發號施令。在天皇被關押在隱岐期間，全國各地的官軍幾乎都是根據大塔宮的旨令而行動的。如果沒有親王，四面八方的官軍怕是都不會行動。然而，能察天下形勢，出謀劃策，獨自迎戰幕府大軍的是楠木正成。他把幕府軍弄得團團轉，告訴天下，幕府勢力並不可怕，讓人們奮起戰鬥。楠木正成的祖先是橘氏，是出自敏達天皇的名門，這從聖武天皇時的左大臣橘諸兄便可知。然而他們從何時開始立足於河內，世人卻不甚了解。後醍醐天皇將正成召到笠置山，問道：「要如何才能平定天下？」

「一統天下之偉業，在於武略和智謀二者。若是以武力迎戰，就算結集了日本全國六十餘州之兵力，也難勝幕府的武藏、相模兩國。若懂得用謀略去戰，幕府之武力也只能擊碎尖銳的武器，打破堅固的盔甲，他們容易中計，不足以為懼。勝敗乃兵家常事，請聖上不要認為是一局定勝負。只要我正成一人還在世，聖運就終將打開。」

正成給出了如此可靠的回答。他回到河內，修建赤阪之城，準備迎接天皇。出人意料的是，笠置很快淪陷了。正趕往笠置的關東大軍得知笠置已淪陷，深感遺憾，便直接攻向楠木的赤阪城。然而這城久攻不落，進攻的一方反而一再敗北。他們都被正成的謀略嚇壞了，決定開始持久戰，截斷敵軍糧道。事發突然，未能充分準備，正成也為難了。他決定暫時出城。在風雨交加的夜晚，他在城中放了火，趁著黑夜，逃出了敵人的重重包圍。元弘元年（一三三一）十月末，賊軍認為正成一定自殺了，便安心撤兵了。

攻陷吉野山

大家都以為楠木正成已經死了，然而他還活著。元弘二年（一三三二）十一月，他突然發動進攻，奪回了赤阪城，還擊敗了賊軍。六波羅立刻派出軍隊進攻。元弘三年（一三三三）正月十九日早上開始的這場惡戰，經過一天一夜，六波羅的軍勢雖然浩大卻遭慘敗，回到京都。再次出戰的是宇都宮公綱，他面對正成的謀略束手無策，還有幾名部下被活捉，宇都宮的名聲也遭大挫，只能黯然回京。楠木正成的根據地是金剛山的西面，千早川的溪谷。河川上流是千早城，順著河川的西北流向，山谷的出口處便是赤阪城。正成就是以這兩處為中心，以前後連綿險峭的山脈、深邃的山谷作為天然的城郭。金剛山、吉野山、高野山三山林立，正成手下的人在這之間自由往來，再進一步和全國聯絡。

六波羅軍戰敗，連在強豪名聲遠揚的宇都宮都派不上用場。對此，幕府在全國進行大規模徵兵，兵分三路，從三方面進攻楠木的城池。第一軍從河內正面進攻，阿蘇治時擔任大將軍，軍奉行是長崎高真。下面七國屬於這一軍隊：河內、和泉、攝津、美濃、加賀、丹波、淡路。

第二軍從大和即從後面進攻。大佛高直擔任大將軍，工藤高景擔任軍奉行，而二階堂貞藤則作為監視隨行。下面八國屬於這一軍隊：山城、大和、伊賀、丹後、但馬、伯耆、播磨、近江。

第三軍從紀伊側面進攻。名越宗教擔任大將軍，安東圓光入道任軍奉行。從下面十一國調兵：尾張、美作、越前、因幡、備前、備中、備後、紀伊、安藝、阿波、伊予。

上面出動兵力參與三軍的國達到了二十六個。在此基礎上，在京都作為大番擔任警衛的關東武士也被分配到了第二軍和第三軍，第二軍中有新田、里見、豐島，第三軍中有佐賀、江戶、和田、瀨下等。

大軍臨行之前，幕府下了非常嚴厲的軍令，即下面五條：

第一，合戰必須三軍齊進，不可單獨行動；

第二，一人負傷時若全族退卻，全軍便覆沒，故即便負傷也不能後退；

第三，禁止掠奪財物；

第四，至今雖命逮捕大塔宮，今後可當場斬殺，事成者，賞近江國的麻生莊；

第五，斬楠木正成者，賞丹後國的船井莊。

元弘三年（一三三三）二月二十二日，三軍開始一齊進攻。吉野山被攻陷，大塔宮轉移至高野山。村上義光假扮大塔宮，以自家性命相抵，騙過了賊軍耳目。

千早城之戰

吉野山一失守，三方大軍就集中進攻楠木一人。正成奮戰，雖守不住赤阪城，卻憑著天險的優勢和謀略堅守著千早城，從背面進攻的敵軍不管怎麼著急，都沒辦法將其攻下。《太平記》詳細記載了當時的情形，讀起來是非常有趣，讓人愛不釋手。記錄了源平合戰的《平家物語》和這《太平記》，是日本的年輕人都必須要讀的作品。試舉一例《太平記》裡面的千早城攻防戰片段。從背面進攻的幕府軍認為，在這麼狹窄的山上不可能有充足的飲用水水源，楠木一定是在夜裡汲取山麓峽谷的水，只要讓他不能汲取水，他很快就會因為缺水而困擾。於是幕府軍便在山谷的川邊紮下陣營，用鹿砦攔著從城下來的出口，在此等候。

楠木正成本是智勇雙全的人，在開始建這城池的時候，調查了這山的用水情況，發現五處隱秘的地方，經過這山裡的山中修行者會悄悄去汲水，這水滴的量一晚有五石之多。無論多麼乾旱，這幾處水也不會乾涸，一般來說讓人解渴是沒有問題的。但若是碰上打仗，要撲火或者極度口渴的時候，這點水還是不夠的，楠木就讓人用巨木做了兩三百個水槽來儲水。並且，楠木還在幾百個兵營之間架了筧，下雨的時候，不讓一滴雨浪費，全部流入水槽。為了不損壞水質，還在水槽的底部放入紅黏土。楠木想著，這樣一來，就算五六十天不下雨，也能撐過去，而在這期間也不可能不下雨。這真是智慧過人。就這樣，城裡故意不到峽谷去汲水，而守在水邊的幕府軍卻每天晚上都很緊張地等著。剛開始他們警戒心還挺高，後來漸漸地就放鬆警惕，大意起來。兵士們想著，「這城裡的人是不來這汲水的」，就變得疏忽防備了。楠木看準這個時機，精選了三百多弓箭手，在夜色的掩護下從城中前往山麓，趁著天還沒亮，從霧中沖向守在水邊的幕府軍，砍殺了二十多人，殺得敵人措手不及。

賊軍大敗。另外，賊軍開始打持久戰，等著城中的楠木兵逐漸疲憊。這時，正成做了二三十個人偶，給它們穿上盔甲，配上刀，趁著夜晚，把它們立在山麓，再放上盾牌擋在前面，人偶身後只安置五百餘兵士。天亮時，這些兵士們就吶喊起來。他們裝作要先發制人的樣子，然後只留下人偶，撤回城裡。

敵人以為人偶是真的兵，都圍了過來。一切都如楠木所料，敵人被騙了過來。這時，四五十塊巨石一下子從城上滾了下來，包圍過來的敵兵一下子被壓死了三百多人，半死不活的傷者也有五百多。這一戰結束後，仔細一看，以為是英勇無比、絕不後退的兵，卻是用稻草做的人偶。為了打這人偶卻被巨石砸死，談不上功績，而因為害怕不敢攻上前去的人，就是懦弱。不管是哪種情況，都成了世人的笑柄。經過這一戰後，幕府就更不敢再進攻了。諸國的軍隊們只能仰望著這城池，束手無策。

正成的戰術千變萬化，常常打得敵人措手不及，將他們弄得團團轉。《太平記》記載了很多相關的場景。

◎建武之中興

行幸船上山

元弘三年（一三三三）春，鎌倉幕府最擔心的是大塔宮與楠木正成的動向。於是派出大軍，想儘快剷除他們兩人。《太平記》裡說是三軍一共八十萬騎，這是誇張了。根據可靠的記錄，如之前所述，三軍裡有二十六國的士兵，再加上擔任大番的關東兵，估計超過了三十國。如此多的軍隊，雖然攻下了吉野山，卻未能捉住大塔宮。雖然發動全部兵力攻打正成，卻受阻於千早山的天險和正成的謀略，動彈不得。正成兵微將寡，雖不能出城迎戰，擊垮賊軍，但也以城為據點，成功地將賊軍困在此處。能做到這點就已經足夠了。將賊軍困在此處的話，他們在其他地方的防備就會變弱，這就讓有心歸順朝廷的人們有了加入官軍、奮起反擊的機會。事實上，在這段時間裡，伊予和播磨都有官軍揭竿而起。

重要的是，後醍醐天皇從隱岐回來了。當時，幕府對天皇的警戒心是非常重的，但是連擔當警衛的守護佐佐木清高都對天皇的盛德感激不盡，其族人義綱還主動為脫逃的天皇帶路。天皇一行在元弘三年（一三三三）閏二月二十三日夜晚到次日清晨，成功脫逃。海上天氣惡劣，天皇的船在第五日抵達伯耆的大阪。伯耆的名族名和長高出來相迎。他一把火燒了自己的居所，即刻登上船上山，以此為行在所，把整山作為城郭加緊防守。關於天皇的逃脫等事情，事先沒有人聯繫過名和氏，名和氏面對天皇的突然到來卻能這樣處理，真是了不起。

登上船上山是閏二月二十八日，賊軍也早早攻了過來。名和氏奮起迎戰，擊退了敵人。天皇非常高興，召來名和長高說：「長高二字聽起來太危險，改名叫長年吧！」並且封其為左衛門尉，進而任命其為伯耆守。經過三天的激戰，賊軍敗了下來，官軍就以船上山為根據地，積極地著手反攻。三月十七日，官軍的軍隊向京都進發，準備奪回京都。千種忠顯擔任大將軍，軍奉行由名和長年的兩個弟弟擔任。但是，六波羅軍隊的防守堅固，播磨的守護赤松的進攻也無濟於事。

千種忠顯的軍隊也沒能打贏。天皇行幸船上山，對幕府來說是非常嚴重的事情，幕府便任命名越高家和足利高氏為大將，率領大軍，計畫從京都兵分兩路，高家從山陽道，高氏從山陰道前進，兩面夾擊船上山。四月二十七日，兩人從京都出發，兵分左右。然而分開後不久，高家就戰死了，其手下的軍隊因為失去將領，喪失了鬥志，便打道回京了。而高氏這邊，來到丹波的筱村後就按兵不動了。他在這裡向官軍倒戈，與各方面聯絡，以求呼應。四月二十九日，足利高氏在筱村八幡宮獻上願文。他寫道「願我家族再得繁榮」，可見高氏的本心是帶功利性的。

鎌倉幕府滅亡

足利氏如今作為官軍，攻向京都。於是，南邊是千種，西南是赤松，西北是足利，六波羅軍隊經不住來自三面的激烈進攻，最終放棄京都，從東邊潰逃，帶著後醍醐天皇被流放隱岐後他們自己擁立的光嚴院。六波羅實際上就是幕府在京都的「辦事處」，其長官稱為探題，南北各一人。南方的探題是北條時益，在逃跑途中戰死。剩下的北方探題越後守北條仲時，當時二十八歲，率領著敗軍歸向鎌倉，來到了番場的宿驛。這裡地處山中，是窪地，戰術上來說是非常不利的。在前方，有一面御旗，五六千人的軍隊駐守要塞之地等著北條仲時一行。這是後醍醐天皇的叔父五辻宮率領的官軍。筋疲力盡的六波羅軍已無力突破此關，仲時見此，面對將士們說道：「鎌倉命數已盡，北條一族滅亡之時也即將到來，而你們卻不改志向追隨我們。對此我感激不盡！要報此厚意，已經沒有別的選擇，我願奉上性命。請將我的首級拿去，投降官軍。」

話音未落，仲時已脫去盔甲，切腹自盡。隨軍的將士們見此，感動不已，一齊當場自盡。蓮華寺的住持想方設法弄清將士們的姓名，記入過去賬，為他們念菩提。據過去賬元弘三年（一三三三）五月七日的記載，自盡總人數為四百三十多人，其中年少者有：隱岐守護佐佐木清高的次子泰高，時年十八歲；清高三男高秀，時年十七歲；清高四男永壽丸，時年十四歲；隅田能近，時年十六歲；隅田國近，時年十七歲；問注所阿子光丸，時年十四歲；齋藤阿子丸，時年十六歲；高橋元時，時年十七歲；御器所經倫，時年十七歲；陶山真清，時年十七歲；等等。

六波羅軍於五月七日全軍覆沒。接下來就到鎌倉了，攻下鎌倉的是新田義貞。新田是源氏。八幡太郎義家的三男義國有兩子，哥哥叫義重，以上野國的新田為領地，稱為新田氏之祖；弟弟義康，住在下野國的足利，稱作足利氏。本來這兩家是兄弟，按理應是新田得到器重，但是新田不願討好鎌倉幕府，而足利則與北條有姻緣關係，於是新田就被疏遠，足利得到了重用，兩家自然變得不合了。

新田義貞先前作為大番來到京都，然後在幕府的強制下，作為從背後進攻金剛山的部隊，被編入大和方面軍隊。這時，新田接到了大塔宮的旨令，高興萬分，趕緊回到國裡做準備。他舉旗之日是五月八日（六波羅全軍覆沒的次日），新田一行很快進入武藏，十一日在小手指原，十二日在久米川展開戰鬥，十五、十六日兩天在分倍河原的戰鬥中，擊敗高時的弟弟泰家的大軍，以排山倒海之勢持續進攻，逼近鎌倉。鎌倉竭盡全力展開防守，自五月十八日起連續五日，不分晝夜地激戰。二十一日的黎明，大將義貞親自前往極樂寺口，將大刀扔進海中，進行祈禱。海水立刻退到了海上，稻村崎的二十多町地一下子就乾了。義貞即刻殺入鎌倉，放火進攻。事已至此，北條高時也已經竭盡全力，就逃到東勝寺去切腹自盡了，時年三十一歲。北條一族之中有兩百八十多人隨他而死，在戰鬥中自盡的將士達八百七十餘人。這一天是元弘三年（一三三三）五月二十二日。源賴朝以來一百五十年間，統率天下兵馬，讓無數人膽戰心驚的鎌倉幕府在這一天滅亡。

正成的無私與純真

與此同時，北國、九州、長門，全國各地的幕府「辦事處」都不約而同地滅亡了。然而後醍醐天皇並沒有理會這些，六波羅軍已被驅逐，京都已被奪回的消息一到，五月十八日，他就從船上山出發回京都。

天皇一行的前陣是伯耆守名和長年。到了兵庫後，赤松圓心就來拜見天皇。天皇離開兵庫後，楠木正成就率兵肅然相迎。在打倒幕府、重興朝廷這件事上，正成是第一功臣。正成把幕府軍牽制在金剛山的附近，把他們弄得團團轉了半年，而且，正成還把大塔宮的旨令傳達到全國。正因為這些，形勢才大逆轉。幕府也是深知這一點，才懸賞、召集能拿下正成的人。天皇對此也是了解的，因此在五月三日敕定的軍法中寫道：「加急向金剛山派軍，追擊此前發起進攻之人，救回正成。」天皇之所以這樣說，就是因為承認回天偉業是依靠著這個人的力量完成的。而正成現在也來迎接天皇回京。天皇高高挽起鳳輦的簾子，召正成到跟前說道：「這次的成功，完全得力於你忠心耿耿的征戰。」正成恭恭敬敬地回答：「這全靠陛下的大德。我等之人又能成何事呢？」

六月四日，天皇到達東寺，次日回到宮中，之後就是論功行賞。大塔宮被封為征夷大將軍，楠木正成為河內、攝津、和泉三國的長官，而名和長年得伯耆、因幡，新田義貞得上野、越後和播磨，足利高氏得武藏、下總、常陸，其弟弟直義得相模、遠江，北畠顯家得陸奧。另外，為審議各方面的功績來進行獎賞，成立了一個十八人的委員，其中就有藤原藤房、四條隆資、五條賴元、楠木正成、名和長年、結城親光等人。正成和長年也加入了記錄所。誰得到了後醍醐天皇的信任，在中興的政權中誰在權力的中心，大抵從上可知。

當時棘手的是論功行賞。兩個極端上分別是楠木正成和足利高氏。正成是這樣向朝廷主張的：「在滅幕府一事上，立功者無數，這些人都在世。然而，奉敕命獻上自己生命的是肥後的菊池武時，請將武時作為第一等的立功者來審議。」

菊池武時，是在蒙古襲來時英勇奮戰的武房之孫。元弘三年（一三三三）三月十三日，武時奉敕命舉兵，在博多進攻九州探題北條英時，在激戰中死去。正成恐怕是沒有見過這個人的。幕府即將毀滅之時，誰都要成為官軍，然而在幕府還強大的時候，不是真心忠義之人，是不會敢為天下先，率兵而起的。正成就是看到了這一點，將武時推舉為一等功者。不得不說，正成的無私、純真之心，實在令人感動。

高氏的謀反

與其形成鮮明對比的是足利高氏，高氏並不是出於忠義才舉兵的。據足利的重臣今川貞世所寫，高氏的祖父家時希望能奪取天下，卻沒有時機，便祈禱通過縮減自己的性命，換來一族在三代之內能奪取天下。如此看來，足利氏代代都有奪取天下的野心，現在到了高氏這代，看到鎌倉幕府大勢已去，便倒戈加入官軍。關於這點，從六波羅軍被趕出京都之後他做了什麼就可以看出來。官軍奪回京都是在五月七日。這個時候，有三個要解決的問題：第一，討伐鎌倉；第二，把後醍醐天皇迎入京都；第三，將正成從大軍的包圍中救出。而這三件事情，足利高氏一件也沒有做。第一，竭盡全力討伐鎌倉的是新田義貞。關於第二，盡力去做的是名和長年，而且正成也到了兵庫相迎，從那以後都陪在天皇左右。而關於第三，是天皇特別命令官軍去做的，但後來賊軍聽到六波羅軍的敗北，也都四處逃散了，也就是說正成是靠自己出來的。那麼當時高氏到底做了什麼？他在京都，自作主張地設立了奉行所，和全國各地聯絡，記錄武士們的動向，給人一種總管、指揮者而實際上是鎌倉幕府的替代者的印象。他到筱村八幡宮祈禱是四月二十九日的事情，而在那天的前兩日，他就早早向全國發送書信，取得聯繫。二十七日是和高氏一起進攻船上山的名越高家的戰死之日，也是高氏剛剛加入官軍的日子。也就是說，元弘三年（一三三三）四月二十七日，看起來是高氏倒戈加入官軍的一天，實際上在這一天，他就踏出了建立幕府、爭奪天下的第一步。

早早就感覺到了這些的是大塔宮。那時大塔宮也向全國發號施令，所以很快也明白了足利的動向。他打算儘早剷除高氏，於是在六月初天皇回到京都之後，就在大和的信貴山召集兵士。而這是被朝廷的方針禁止的，同時，朝廷也把大塔宮奉為征夷大將軍，以此穩住大塔宮，此事暫時得到緩解。次年，也就是建武元年，六月，大塔宮再次想要討伐高氏，還和義貞、正成、長年等人商量。局勢變得複雜起來，天皇也對如何處置此事為難，就將大塔宮流放到鎌倉。建武二年（一三三五）七月，北條高時的兒子時行，在信濃舉兵攻入鎌倉。足利直義迎戰，但戰敗，就棄鎌倉而逃。趁著混亂，直義把大塔宮殺了。因為要建立足利幕府，大塔宮是第一個障礙。

高氏當時在京都，他向天皇請求讓他討伐時行，同時求封征夷大將軍。朝廷拒絕了，然而高氏不等朝廷的許可就出發了。他奪回鎌倉，在原來的幕府被燒毀的遺跡上建立居所入駐，還自作主張號稱征夷大將軍，以討伐新田義貞為名，召集兵士。

於是朝廷決定討伐高氏，任命新田義貞為大將軍。十二月十二日，在箱根、竹下之戰中，大友氏向足利氏一方倒戈，官軍戰敗，回到京都。足利氏追擊到京都，還一時將京城佔領。但官軍諸將協力討伐，足利氏落荒奔逃到九州。

在九州迎擊高氏的是菊池武敏。武敏是正成推薦的一等功者武時的兒子。他聽到高氏逃到九州，就立刻準備迎擊。延元元年（一三三六）二月，他佔領太宰府，攻陷少貳的大本營有智山城，三月一日在多多良濱和高氏決戰。剛開始足利方處於極度劣勢，高氏打算切腹，其弟弟直義還要替哥哥去死，局勢被官軍的銳氣所壓。然而地勢和風向都變得對官軍非常不利，菊池武敏不得不撤退。這樣，菊池一敗，九州已無力阻擋足利，高氏率領島津、大友、少貳等大軍，再次攻入京都。官軍在攝津迎擊，但義貞戰敗回到京都，正成在湊川戰死，時值延元元年五月二十五日。天皇登上比叡山，讓義貞帶皇太子恒良親王到越前，伺機東山再起。同時，天皇暫時回到京都，後來悄悄轉移到了吉野山。

天皇從隱岐的島上回到京都是在元弘三年（一三三三）的六月。次年是建武元年（一三三四），接下來是建武二年（一三三五）、延元元年（一三三六）。延元元年的五月，正成戰死，十二月，天皇進入吉野山。雖說是建武中興，卻是極其短暫的時間。仔細一查就會知道，足利氏不是在中興之後才謀反的，可以說在中興的同時，足利就已經謀反了。

◎吉野五十七年(一)

繼體之君

脆弱的建武中興很快結束了。從正中之變以來已有十年，朝廷費盡千辛萬苦，付出了巨大的犧牲才好不容易把鎌倉幕府打倒，卻早早就遭到足利氏謀反，迎來和承久那時一樣的悲劇。後醍醐天皇登上吉野山是在延元元年（一三三六）的年末，從那之後即位的是後村上天皇、長慶天皇、後龜山天皇。後龜山天皇回到京都時已是元中九年（一三九二）的冬天。這期間大約有五十七年，四代天皇都遠離京都，在山中的行在所度過了寂寥的歲月。

雖然這段時間被統稱為吉野時代，但實際上天皇並不是始終都安穩地在大家熟悉的吉野山，也就是被櫻花包圍的藏王堂附近度過歲月的。剛開始是在那裡，那段時間由楠木正成的兒子正行負責守衛。正行戰死後，高氏的家臣高師直馬上攻來，還放了火。於是，行在所就轉移到了穴生，當地地名的漢字被改成了賀名生[38]。這裡也屬於吉野郡內，雖說也能稱作吉野的行在所，但實際上連在這裡也沒辦法安定下來。天皇有時轉移到河內的金剛寺和觀心寺，有時轉移到攝津的住吉，有時則轉移到大和的宇智郡小島的榮山寺，居無定所。

讀到天皇們在這些行在所吟唱的和歌，實在是讓人痛心。

ここにても　雲井の桜　さきにけり
ただかりそめの　宿と思ふに
（就是在這深山中，雲井之櫻[39]也綻放了，可我只將這裡當作暫時的落腳之地而已。）

38　「穴生」讀作あなう，「賀名生」讀作あのう。——譯者注

39　雲井の桜（くもいのさくら），在和歌中常作為綻放在宮中的櫻花出現，在這首歌裡可以理解為以此為名稱的櫻花。——譯者注

都だに　寂しかりしを　雲晴れぬ
吉野の奥の　さみだれの頃
（五月雨的時節，就算在京中也會覺得寂寥，何況是在這陰沉的吉野行宮，寂寥之情愈發強烈。）

上面兩首都是後醍醐天皇的和歌。

み吉野は　見しにもあらず　荒れにけり
あだなる花は　なほ残れども
（這吉野已經不是曾經那熟悉的模樣了，變得如此荒廢。啊，只是那易散的櫻花依舊還在。）

吉野的行在所被高師直燒毀後的春天，後村上天皇的母后來到遺址，作了上面這樣一首和歌。

木の葉ふり、　しぐるる雲の　立ち迷ふ
山の端みれば　冬は来にけり
（樹葉紛紛飄落，陣雨就要下來。看著天際的積雲，才知冬已到。）

上面這首是後村上天皇的和歌。

み吉野の　雲井の桜　名にしおはば
はやも都の　春を見せなむ
（這吉野山的櫻花，只要稱之為雲井櫻，就彷彿能看到京都的春天。）

而這首是長慶天皇的和歌。希望再次讓京都成為都城，深深地盼望能儘早回去，然而事實不盡如人意，只能在山中度過了寂寥的歲月，上面這些和歌都抒發了這樣的心情。

如果只是單純希望回到京都，實際上是可以馬上實現的。那麼要如何實現？

按照足利高氏所說的，交出三種神器，承認足利幕府。做到這些，足利氏就會很樂意將天皇迎回京都吧。但是這樣一來，朝廷就屈服在了暴力之下，承認造反，也就否定了道義與道德。而且，承久那時以來無數犧牲的忠臣就白白送了性命。正因為如此，不管多麼辛苦，後醍醐天皇都不會容忍足利氏，不會承認幕府。

《太平記》記載了後醍醐天皇駕崩時的遺命：

朕只望剿滅所有朝敵，讓天下太平。朕死後，讓位與第七皇子，忠臣賢士共謀事。賞義貞、義助父子之功，其子孫若無不忠，則作為股肱之臣，平天下之亂，安萬民之心。心懷此願，朕即使屍骸埋於吉野山的青苔下，魂魄也會常望北邊皇居的天空。若違背此命，背信棄義，則君非繼體[40]之君，臣亦非忠義之臣。

也就是說，天皇無論如何都不允許向大逆不道妥協，不能拋棄新田、楠木、名和、菊池，去和足利氏握手言和。就是抱著這樣決然的態度，四代天皇在吉野的山中度過了五十七年的寂寥歲月。這一點，在思考日本的國體、回顧日本的歷史時，是最重要的。

正成臨終

這就是天皇的態度。下面請看臣子們的態度。足利高氏率大軍從九州攻向京都之時，楠木正成提出了這樣的作戰方案：暫且放賊兵入京，然後從四面包圍，將其剿滅。但是朝廷沒有採用這個方案，命令不得放賊軍入京，要打防衛戰。於是正成沒有再發表異議，向兵庫進發。《太平記》裡記載了當時的情景：

楠木正成做好了這是最後一戰的心理準備。十一歲的嫡子正行陪伴在其左右，正成略有所思，就讓他從櫻井的宿驛回到河內國去，並留下了庭訓：「獅子

40 繼承皇位的君主。——譯者注

產子三日後，母獅會將幼子從萬丈懸崖下扔下。若幼子有作為獅子的天賦，就算沒有被教過，也會翻個筋斗上來，性命無恙，況且你已經十一歲了。要記住我的話，不能違背我的教誨。此戰是決定成敗之戰，這次怕是今生最後一次看到你了。記著，我正成若是戰死，這天下必會變成將軍的統治。但是就算如此，也不能為求一命，拋棄多年的忠誠節操，違背道義而投降。我一族之人，只要有一人還活命，就據守在金剛山裡，敵人若是攻來，就豁出性命迎戰，留光榮於後世。這就是你最大的盡孝！」正成哭泣著吩咐完，就和正行各奔東西了。

這是楠木正成給其子正行的最後教誨。數日後，正成在湊川奮戰，大勢已去之後，和弟弟正季互刺而死。《太平記》裡，在這一段之後這樣寫道：

自元弘以來，得到後醍醐天皇的信任，盡忠盡力立下戰功的人有千千萬萬。然而自從足利尊氏叛亂之後，無仁之人拋棄朝廷的恩典加入敵方，無勇之人苟且偷生卻遭刑罰，無智之人不識時局變換，做盡違背情理之事。眾人之中，智、仁、勇三智兼備，生命最後一刻也堅守正義的人，古往今來，沒有一個是像正成一樣的。但是，正成和弟弟一齊自盡了。這便是聖上再次失去國家，逆臣為非作歹的前兆。

《太平記》是誰寫的，如今無從得知。在足利氏的強權時代，能將其嚴厲地斥為逆賊，對自我了斷的楠木正成不惜讚美之辭，不得不說這作者是明辨是非、不畏強權、敢於發言的偉大的歷史家。

正行

在櫻井接受父親的遺訓時，正行十一歲。他聽從父親教誨，回到故鄉，養精蓄銳。只要楠木一族還在，足利氏就不能輕易進攻吉野。正平二年（一三四七）九月，細川顯氏率領三千多騎兵南下。正行這時二十二歲，領著七百多騎兵，打敗了細川，這就是藤井寺之戰。這一年年底，山名時氏、細川顯氏率六千騎兵逼近天王寺。正成帶五百騎打敗了他們，這就是安倍野合戰。在落荒而逃的賊兵中，很多人從渡邊的橋上掉了下去，被河流沖走。正行將他們救上來，給他們衣物，讓他們取暖，療養上四五天後，還熱情地送他們回去。大家都對此心懷感激，其中還有人成為正行的家臣，為報恩，在四條畷合戰中和正行一起戰死。

足利氏覺得這樣下去不妙，便任命重臣高師直、高師泰兄弟為大將，發動二十多國的大軍，向河內進發。正行知道後，前往吉野，向天皇上奏，已做好和師直兄弟決戰的覺悟，最後一次拜見後村上天皇。

聖上馬上讓人撩起紫宸殿的垂簾，龍顏特別溫和，看著眾將士，召正行到跟前：「此前兩戰，速戰速決，取得勝利，讓敵人喪失了戰意，一平朕心中之憤。這是你父子兩代的功勞，令人欽佩。但此次敵人全軍攻來，此戰關乎天下安危。（……）你們是朕最可靠的臣子。望你們小心行動，保全性命。」正行叩首跪拜，無言以對，只覺這定會是最後一次謁見天皇，就此退下了。正行、正時兩兄弟，（……）帶領著約好在這次戰鬥中一步也不後退，決心一起戰死的一百四十三名兵士，參拜了先帝（後醍醐天皇）的御廟，發誓說，若是此戰艱難，就全體戰死，然後，在如意輪堂的牆壁上按順序寫上自己的名字，再在死者名冊上各自寫上姓名，最後留下這首和歌：

返らじと　かねて思へば　梓弓
なき数にいる　名をぞ留むる

（這雖不是梓木弓，但已決心一決死戰，就將赴死之人的姓名寫了上去。）

他們當天就離開了吉野山，向敵人陣營出發。

正行帶兵很快逼向師直，師直陷入險境，找來替身，好不容易逃脫。正行和賊軍一番惡戰之後，自己也身負重傷，便和弟弟正時一起自盡了。正行一戰死，吉野就已經不是安全之地了。正月二十八日，師直來到吉野，放了火，行宮和藏王堂都被燒毀了。

如果正行在櫻井和父親告別時是十一歲的話，在四條畷合戰中戰死時就是二十三歲。正行的一生不長。但是，這對父子的精神卻深深感動了人們的心。這精神被加以理論闡釋，被賦予了不朽的生命，成為日本的指導思想。人們將那位父親稱為大楠公，將那位兒子稱為小楠公，敬仰不止。

子孫繼承了父輩的忠義精神而不斷向前的，不只是楠木氏，新田、名和、菊池，大家都是這樣。延元三年（一三三八）閏七月二日，新田義貞在越前國的藤島莊戰死。其子義顯、義興、義宗等人，都繼承了父親的志向，英勇奮戰。義顯是越後守，延元元年（一三三六）冬天，他打算從越前前往越後，但由於跟隨他的兵士太少，就沒能去成。義顯要進入金崎城的時候，今莊入道擋住了他的路，義顯派由良光氏去交涉，對方回覆說：「交出一兩個有分量的家臣，我等取下他們的首級，作為打過仗的證據。你們做到的話就放行。」義顯說道：「陪我至今的將士，情義重於父子。就算用我義顯的命去換取他們的命，也難讓將士性命來換取我義顯之命。」他拒絕了今莊。今莊入道聽後很感動，便讓路，放義顯入城。次年三月金崎城淪陷之時，義顯為尊良親王獻出生命，戰死時年方二十一歲。

在武藏野的合戰中讓足利高氏頭疼的是義宗。正平七年（一三五二）閏二月，武藏守新田義宗跟隨宗良親王，發動一族出戰，在武藏野和足利高氏大戰一場。義宗一時間還佔領了鎌倉，士氣高漲。宗良親王為了鼓勵兵士，作了和歌一首：

君が為　世の為何か　惜しからん
捨ててかひある　命なりせば
（為了聖上，為了世人，又有什麼可惜？只要這性命捨棄得有意義。）

那時，足利高氏雖率大軍卻潰敗而逃，義宗追擊上去。「從小手指原到石濱，阪東道五十多里路，（義宗）一下子就追上了。將軍（高氏）渡過石濱的時候，都準備要切腹自盡了，他將鎧甲的上紐[41]割下扔了，要解開高帶[42]」，家臣

41　繫在鎧甲表面的帶子。——譯者注
42　在肩膀上將鎧甲的前後連接起來的帶子。——譯者注

二十多騎浴血奮戰而死，趁著這時機，高氏好不容易渡過了隅田川逃走。據《太平記》記載，逃跑的高氏帶著三十多萬騎兵，而追擊的義宗只帶了五百騎兵。小手指原在所澤的西邊，石濱在淺草的觀音的北面，即今戶附近。阪東道那邊的習慣是六町為一里，四十六里的話按普通的三十六町作一裡的話就是七里半，大概是三十公里。義宗一小時追了三十公里，可見這追擊有多激烈。

◎吉野五十七年(二)

菊池的忠心

正如剛才所說，楠木和新田都是子孫繼承父輩的精神，不管世間的局勢如何改變，不管有什麼利益或損失，他們都不會因此受影響，不改忠義之心，只要有機會就一定會奮起討伐逆賊。特別是菊池一族，他們距離足利的大本營很遠，在這五十七年的吉野時代中一直保持了實力，經常讓足利頭痛不已。相關史料也保存下來了。

菊池家中保存有家憲。所謂家憲，就是家族中的憲法。延元三年（一三三八），菊池武重書寫家憲並且在上面按了血印。武重是武時的長子。元弘三年（一三三三）三月，武時在博多討伐北條英時，那時，少貳和大友都是北條那邊的，武時已覺勝利無望，就讓長子武重回到故鄉，保存實力，為將來做準備，自己則光榮戰死了。這情形，這態度，和楠木正成在櫻井與其子的訣別一模一樣。武重在建武中興時被任命為肥後守。足利在鎌倉舉兵謀反時，武重作為官軍的先鋒，從東海道前往箱根，英勇奮戰，威名遠揚。（在多多良濱讓高氏陷入苦戰的是武重的弟弟武敏。武重在中央大顯身手的時候，武敏則擔任菊池的後方部隊隊長。）武重所寫的家憲有三條，第一條：

天下之大事，雖說由內談的合議所定，但遇重大決定之時，由武重來決策。

第二條：

國內的民政，要以內談的合議為重。就算武重有英明之策，若得不到以管領為首的內談眾的同意，武重應當棄其策。

「管領」相當於家老，內談眾就是參與合議的家臣，眾人商談，以求意見的統一。

首先來看第二條。關於肥後國的內政，要重視參與會議的人們的商談，就算武重提出了非常英明的意見，但若是以家老為首的與會人員都不同意的話，就應當放棄武重的提案。然而第一條與第二條是完全相反的。若是遇到事關日本國的重大事件，不管在會議上產生了什麼樣的決議，最終都由武重做出決定。也就是說，關於肥後國的民政，就服從多數表決，但是遇到事關日本國本質的事情，就不允許多數表決，而是由菊池氏的家主來負起責任。因為這並不是利害關係的問題，而是關乎正邪的問題，必須遵從大義，所以不允許多數表決。

武時在元弘三年戰死，延元三年（一三三八）七月，武重作此家憲不久後也病逝了。代替武重引導菊池氏子孫的是一位叫大智的禪僧。大智生於肥後，七歲時進入川尻的大慈寺，後來去了加賀學習道遠的法流，二十五歲去了中國。武重尊重這個人，延元三年三月，把菊池氏領地的深山裡的土地捐獻給他，建了鳳儀山聖護寺，以大智為開山。武重祈禱大智的教誨能讓子孫永遠胸懷忠義之心，為保護國家建功立業。關於大智的人品，從下面的兩首詩可見一斑。

草屋單丁二十年，未持一缽望人煙。
千林果熟攜籃拾，食罷溪邊枕石眠。

意為：在破舊的房屋裡度過了寂寥的二十年，也絕不到熱鬧的地方去討施捨。山裡有果實，將其拾起食用，吃完後在谷間的河邊獨自枕著石頭睡去。

冷暖分明只自知，男兒豈可被人欺。
莫將日本真金貴，博易大唐鍮子歸。

意為：是冷是暖只有自己知道，身為男兒怎能被他人欺騙？在日本，有著比純金還珍貴的精神，怎能特地拿到外國去換取真鍮回來？在日本，總有人動不動就認為外國的東西珍貴，看不起自己的國家，而大智則告誡這一點，認為日本的道義如純金般珍貴，萬萬不能將其捨棄而去採用外國的東西。於是，武重為大智建了聖護寺，讓大智作為菊池家的指導者。

延元三年八月，武重的弟弟對馬守武茂，寫了八條起請文，供奉到聖護寺。其中第一條特別引人注意：

武茂生於弓箭之家，此身侍奉朝廷。故順應天道，以正直之理，揚一家之名，沐浴朝恩而立身，此當受三寶之庇護。此外，為一己之名聲私欲，忘記大義，不知廉恥，當今武士之心如此，當遠離。

為私利私欲而忘記大義、不知廉恥，這是當時的武士之風潮。所以，北條氏強權的時候他們就追隨北條氏，足利氏強權的時候他們就獻媚於足利氏。菊池武茂立下誓言，要永遠遠離這些淺薄的武士。他還寫道，若是違背此誓言，就讓神佛的懲罰應驗到他身上的八萬四千個毛孔，讓他即刻患上麻風病。

武茂的次子木野次郎武直的宣誓書也非常精彩。一共三條，下面來看第二條：

即便是頭目抑或手足，只要是為了法，都在所不惜。

這裡的「法」，可以理解為「道義」。為了道義，就算被挖去雙目，砍掉首級，卸下手足，也在所不惜。除了武直之外，武光、武士、武澄等人都有著同樣的精神，他們將宣誓書供奉到聖護寺，接受大智的教導。現在，我們不僅理解了菊池氏的精神，而且可以明白不單是菊池氏一族，楠木、新田、名和、五條等吉野所有忠臣的心境都是一樣的。

武光和武朝

關於菊池氏的赤膽忠心還有很多想講，但現在為節省時間只講一下武光和武朝兩人。

武光是武時的兒子，是武重、武茂、武士、武敏等人的弟弟。他的父親很早就戰死，哥哥們也基本過世，興國五年（一三四四），十六歲的少年武光繼承了家業。那時，連菊池的本城都被敵人殺入，菊池的勢力極度衰竭。武光面臨這樣困難的局面，絲毫也不慌張，鎮靜地整理軍隊。正平三年，武光將懷良親王迎入菊池。親王是後醍醐天皇的皇子，延元元年被任命為征西將軍，那時他才八歲，五條賴元一直在其左右輔佐。然而當時賊子氣勢當頭，要直達九州很困難，懷良親王途中在伊予的忽那島呆了長達三年之久，終於在興國三年的五月到達薩摩，正平三年（一三四八）正月到達菊池。從京都到薩摩用了七年，從薩摩到菊池用了六年，如此漫長的時間，可見當時足利氏的勢力有多強，有多少人去給他們獻媚。來到菊池時，親王已經過了二十歲。終於，剛滿二十歲的菊池武光開始侍奉同樣剛滿二十歲的征西將軍。武光為討伐逆賊，策馬四方，奪回了菊池的本城，攻陷了山鹿城，降服了少貳氏和大友氏，把一色氏趕到長門，幾乎平定了大半個九州。

但是，在武光遠征日向的時候，豐後的大友又叛變了。武光匆忙趕回來迎戰。趁著這時機，築前的少貳也叛變了。武光大發雷霆，決定先不討伐大友，而去和少貳決戰。這就是正平十四年（一三五九）七月有名的筑後川之戰。

據《太平記》記載，在筑後川之戰中，賊軍的大將是少貳賴尚，他帶領共六萬多騎兵，官軍的大將是菊池武光，追隨征西將軍，約有八千多騎兵，雙方兵力相差非常大。但是武光一點也不懼怕，渡過筑後川，發動進攻。少貳後退紮營，雙方相互虎視眈眈地對峙了長達十多天。八月六日，武光毅然決定發動夜襲，經過八小時的激戰，賊軍七零八落地散去了。傳說戰勝後的武光在河邊洗刀，河流都被血染成了紅色。

足利氏看到菊池的武力和其平定九州的氣勢，就任命其一族中的重量級人物今川了俊作為九州探題，交予他平定九州的全部大權。今川氏身兼駿河和遠江的守護，文武雙全，不好對付。偏在這時，武光病逝了，後繼的武政也因病倒下，菊池的陣營一下子變得蕭條起來。不得不說，菊池氏，準確地說是九州的官軍，現在面臨著巨大危機。

在這巨大的危機之際，是誰繼承了菊池家？是武光的嫡孫，也是武政的嫡子武朝。當時武朝才是個十二歲的少年。那時，九州的諸武家中很多都是站在足利氏一邊的，官軍實在是很蕭條，儘管如此，武朝也不辱菊池氏代代忠義之名，英勇奮戰。天授元年七月，今川率大軍逼近菊池，在距離菊池的本城僅一公里的水島紮營。然而武朝絲毫沒有畏懼之心，與其對抗。這時，賊軍陣營中意外發生了內訌，今川將少貳冬資斬首，這在軍中引起了很大的動搖。一直等待時機的菊池武朝伺機進攻，賊軍就趁著夜裡撤退了。

天授四年（一三七八）九月，今川了俊再次率領大軍攻來。十六歲的菊池武朝帶著僅有的一點兵士，在托磨原迎擊。菊池一族和不少部下都戰死了，武朝自身也負傷了，但最終還是將賊軍擊退了。五十七年的吉野時代中，這是官軍精彩地取得勝利的最後一仗。

苦守節操

剛才已經提到輔導征西將軍的是五條賴元。五條家本是天武天皇的子孫，被賜姓清原，人才輩出，在治承、壽永年間，賴業還被稱讚為「國家之大器，道義之棟樑」。賴業的第五代孫子是賴元，賴元在建武中興之時，和楠木正成、名和長年一起擔任記錄所的寄人（參與其中的官員），而且還和四條隆資一起擔任了南海、西海兩道，也就是四國、九州的恩賞方。後來因為足利氏的謀反，中興大業被毀。賴元遵從敕命，輔佐才八歲左右的年幼的懷良親王，費盡千辛萬苦，花費十幾年，終於到達肥後的菊池。在那之後，賴元也一直常伴在殿下的左右，一直到正平二十二年（一三六七）逝去，享年七十八歲。其子良氏、良遠也繼承了父親的志向，侍奉殿下。弘和三年（一三八三）三月二十七日，懷良親王在筑後的矢部去世時他們也在其左右，還繼續輔導下一任征西將軍良成親王（後村上天皇的皇子）。在親王去世之後，他們守護著在矢部深山的兩位征西將軍的墳墓。五條氏子子孫孫都不改志向，大約二十多代，歷時六百數十年，直到今日。

接下來看看名和氏。延元元年（一三三六）六月三十日，足利高氏進入京都，紮營於東寺。名和氏欲討伐足利氏，打算從四面包圍進攻。同時，新田義貞、名和長年兩人率領官軍的主力，打算從正面進攻東寺。但是計畫洩露，此事受阻，長年在三條豬熊戰死。

長年戰死後，率領名和一族的是其長子義高。延元三年（一三三八）五月二十二日，義高打算和北畠顯家一起從和泉的堺攻向京都，卻戰死途中。接下來率領名和一族的是義高的外甥，已被收作養子的顯興。顯興大概十五歲左右。正平七年（一三五二），顯興負責守護八幡的行在所，在戰局不利要撤退之時，混亂中保護內侍所的就是顯興率領的名和一族。

後來，正平十三年（一三五八），顯興來到九州。那是因為建武中興之時，義高被賜予肥後的八代莊，從那以後，那裡就是名和氏的一個根據地。而如今，顯興率領一族來到這裡，八代的勢力就更加強盛起來。次年八月，在筑後川之戰中，顯興竭盡全力參加此戰，和菊池武光一起討伐少貳氏。天授四年（一三七八），在托磨原之戰中，顯興和菊池武朝一起，破了今川的大軍。

就這樣，菊池氏也好，五條氏也好，名和氏也好，他們都始終堅守道義，五十七年來一直苦守著節操。

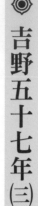

◎吉野五十七年㈢

後醍醐天皇的皇子

在後醍醐天皇的眾多皇子中，最年長的恐怕是護良親王。之前已經提過，護良親王藏身於藏大般若經的櫃子中，登上吉野山，進入十津川，冒著危險與賊軍戰鬥，在中興的時期被任命為征夷大將軍，但好景不長，最終因為足利氏，在鎌倉慘遭殺害。而最年少的是懷良親王。剛才也提到，懷良親王才八歲就被任命為征西將軍，遠赴九州，在筑後川的合戰中也出陣了，馳馬奔騰戰場，討伐賊軍，之後在清澈的矢部川旁的深山中過世。護良親王的弟弟，也就是懷良親王的哥哥有尊良、世良、恒良、成良等各位親王。除此之外，還有義良親王。元弘三年（一三三三），六歲的義良親王前往陸奥，致力於平定北方，延元元年（一三三六）元服，被任命為陸奧太守。他比護良親王年長大約兩歲，後來接受後醍醐天皇的讓位，成為後村上天皇。

尊良親王在元弘元年時陪伴後醍醐天皇行幸笠置山。城池淪陷時，親王被賊軍逮捕，被流放到土佐。在出發前往土佐之日，在京都的住處，親王看着插在瓶中的花，作了下面這首和歌：

花は猶　とまるあるじに　かたらへよ
われこそ旅に　たち別るとも
（花兒啊，請代我向這宿驛的主人傳話。我要和他道別，踏上旅途了。）

後來，鎌倉幕府滅亡，尊良親王回到京都。然而不久足利氏就謀反了。新田義貞跟隨親王討伐賊軍。延元元年，新田軍以越前的金崎城為據點戰鬥，次年春天，城池淪陷，尊良親王也自盡了。

世良親王被任命為太宰帥，被賦予了極大的期望，然而他早在元德二年九月就過世了，沒能看到元弘、建武年間的合戰。《增鏡》中記載：「聖上哀歎無比，世人亦覺可惜。」北畠親房是這位親王的監護人，他悲歎親王的過世，就出家了。

恒良親王在元弘元年（一三三一）笠直一戰戰敗後，天皇轉移到了隱岐時才八歲。他思念父親，作了下面這首和歌：

つくづくと　思ひ暮して　いりあひの
鐘をきくにも　君ぞ恋しき
（沉陷在思緒中時，卻聽到了遠方的寺院的晚鐘。父皇啊，我想念您。）

《太平記》中寫道，京中的人們都讚賞這首歌。中興之時，後醍醐天皇將恒良親王立為皇太子。延元元年，恒良親王隨新田義貞等人來到越前，次年卻落到了賊子的手中，最終被毒害了。

宗良親王

就這樣，後醍醐天皇的皇子們在遭遇國難後，都執劍奮起，策馬馳騁東西，英勇奮戰。其中足跡最廣，耗費最長年月，而且我們現在能詳細地追尋到其事蹟的，是宗良親王。宗良親王剛開始稱尊澄法親王，作為天台座主，統率比叡山。笠置城淪陷時，他被賊軍逮捕，被流放到了讚岐。中興挫敗之後，宗良親王以遠江的井伊城作為據點，攻打東海各國。在後醍醐天皇駕崩，形勢愈加嚴峻時，他還俗後稱宗良親王，得任征夷大將軍，馳騁本州中部的遠江、駿河、甲斐、信濃、越後、越中、美濃、上野、武藏，讓賊軍頭疼不已。

はるばると　朝満つ潮の　湊船
こぎ出づる方は　なほ霞みつつ
（清晨，潮水滿了港口，船隻划向了朝霞籠罩的遠方。）

這是延元四年（一三三九）春天，宗良親王在井伊的住所，隔著浪花遠遠望著濱名橋上的晚霞和對岸的松原時有感而發之作。

一すぢに　思ひ定めぬ　八つ橋の
くもでに身をも　なげくころかな
（不知何去何從，在八橋的分叉口。心亂如麻，一聲歎息。）

這首和歌是宗良親王在井伊的時候，三河的足助重春經常邀請他到自己的城裡去。而親王卻對遠江和駿河心存留戀，感慨著不知何去何從。

見せばやな　語らば更に　言の葉も
及ばぬ不二の　高嶺なりけり
（想讓你看到，這用言語也無法表達的富士山峰。）

北になし　南になして　今日幾日
不二のふもとを　めぐりきぬらむ
（先從北邊看到富士山，又從南邊望到它。今日已經是第幾天這樣圍著富士山的山麓轉了？）

忘れめや　清見が磯の　浪まくら
関路の月を　面影にして
（怎會忘記，在清見的海岸邊入眠，想起了關口路上的明月。）

說到迎接這位有著悲慘命運的親王、盡忠職守的人，在遠江有井伊道政，在三河有足助重春，在駿河有狩野貞長，在信濃有香阪高宗。剛才提到的這首歌，就是宗良親王接受貞長的邀請進入駿河時所作。

かりの宿　かこふばかりの　呉竹を

ありし園とや　鶯の鳴く

（用吳竹圍起的這暫時的居所，曾經可是園子？可聽見聲聲鶯啼。）

いづかたも　山の端近き　柴の戸は

月見る空や　すくなかるらむ

（從這草庵望去，四周都是山稜線，想遙望明月，也只能看到少許天空吧。）

這首歌是宗良親王接受高宗邀請，來到信濃的大河原時所作。從伊那大島進入小渉川的溪谷，大約過了七古里（二十八公里），左右兩邊的山靠近，擁抱著幽幽的山谷。抬頭一看天空，宛如絲帶一般細長，剛想看看月亮出來沒有，一轉眼又進入山中了。

ふるさとと　聞きし越路の　空をだに

なほ浦遠く　帰る雁がね
（聽聞這越之國是雁的故鄉，可雁群還要飛離這天空，離開歇腳的海灣，向北遠行。）

上面這首是在越後的寺院住宿時所作的和歌。

年毎に　宿かへて見　る花なれば
後の春とも　いかが頼まむ
（年年居所不同，如何能期待看到來年春天的櫻花？）

都には　風のつてにも　稀なりし
碪の音を　枕にぞ聞く
（在京都時，連風傳來擣衣的聲音都很少，現今出門在外，那聲音近得彷彿在枕邊。）

都にも　時雨やすらむ　越路には
雪こそ冬の　はじめなりけれ
（冬一到，京都也會下起陣雨。而在這越路，下雪才是冬日的開端。）

かぢ枕　夢路は通ふ　舟もなし
ねぬ夜の浪の　音ばかりして
（划舟漂泊，夢中亦未見有船隻。不眠之夜，只聞浪濤聲。）

いたづらに　行きては帰る　雁はあれど
都の人の　ことづても無し
（雁群歸去來，京中的人，卻杳無音訊。）

這首是興國三年的時候，在越中的名古浦所作。

後來到了正平七年（一三五二），宗良親王被封征夷大將軍，他感慨萬千地說道：「久居遠國，如今已忘卻京都的種種，只一心踏上征戰之路。得封征夷將軍之旨令，實在不可思議。作歌一首。」

思ひきや　手もふれざりし　梓弓
おきふし我が身　馴れむものとは
（怎會想到，曾經連碰都沒碰過的梓弓，現在卻已習慣朝夕不離身邊。）

在這裡，宗良親王奔波東山、東海兩道，用謀略擊退敵人，保障民生安定。

四方の海の　中にも別きて　静かなれ
吾が治むべき　浦の浪風
（四方之海，快分開兩邊，平靜下來。這風浪都在我掌控之中。）

宗良親王所在的官軍以新田義宗為主力，聯合各國的有志之士，出擊武藏野。這時，宗良親王為激勵將士作了上面這首歌，非常有名。

君がため　世のため何か　惜しからむ
捨ててかひある　命なりせば
（為了聖上，為了世人，又有什麼可惜？只要這性命捨棄得有意義。）

宗良親王的激勵讓武藏守義宗感激不盡。前面已經講過，義宗在小手指原之戰中大破足利氏，還把戰敗逃跑的高氏追擊到隅田川。可惜這戰鬥最終還是失敗了，義宗回到越後，宗良親王也回信濃去了。

諏訪の海や　氷をふみて　渡る世も
神し守らば　危からめや
（諏訪湖啊，縱使這世間兇險，如履薄冰，有諏訪明神守護人們，又有什麼危險呢？）

心こそ　猶たちかへれ　年を経る
鄙の長路に　もの忘れせで
（歲月流逝，勿忘初心。在這遠離京都的路上，千萬不要忘記。）

從正平十四年（一三五九）到次年，賊軍頻繁地侵犯行在所。後村上天皇從金剛寺轉移到觀心寺，再轉移到住吉，期盼著信濃方面的支援。但是山裡的冬天是很嚴酷的，信濃方面的軍隊不可能很快上來。

木曽路川　嵐に冴えて　ゆく浪の
とどこほる間を　暫し待たなむ
（木曾川的浪花，已被冬日的狂風凍住。在它融化之前，請等待吧。）

稀に待つ　都のつても　たえねとや
木曽のみ坂を　雪埋むなり

（翹首等待著從京都偶爾傳來的消息，卻杳無音訊，就像這被雪掩埋的木曾坂道。）

天下的情形對官軍非常不利，宗良親王沒有辦法從信州伊那動身。

ありとても　あるかひもなき　帚木の
伏屋にのみや　年をへぬらむ
（在這地膚環繞的陋室中，活著卻沒有意義，定會虛度光陰。）

我を世に　ありやと問はば　信濃なる
いなと答へよ　峯の松風
（若是有誰問起我是否還活在這世上，就回答他我在信濃的伊那。不，告訴他我已經離開了人世，刮過山上松樹的風啊。）

終於在文中三年（一三七四）的冬天，宗良親王從信州出發，前往賀名生的行宮。自延元三年（一三三八）秋從吉野動身以來，已過了三十六年，後村上天皇也已經駕崩，已到了長慶天皇的時代。宗良親王已經六十三四歲，過去的舊知也很變得很少，他感慨萬千。

山高み　我のみふりて　寂しきは
人もすさめぬ　雪の朝あけ
（我長年住在這下雪的高山上，本應習慣寂寞，卻終究沒能習慣，只因為雪晴後無人來訪。）

數年後，宗良親王再次去信州，進入大河原，這次也受了不少苦。

身のゆくへ　慰めかねし　心には
姨捨山の　月も憂かりき

（前途未卜，我心煩憂。就算是那賞月聖地姨舍山的明月，也無法慰藉我心。）

《新葉集》

宗良親王七十年的生涯，始終充滿了苦難。然而他卻不屈服於苦難，要讓日本國回到正常的狀態，經歷了各種惡戰與苦鬥。這一切都可以從他的歌集《李花集》，還有他收集吉野君臣們的歌所成的《新葉集》可以看到。《李花集》裡收錄的歌有九百二十首，《新葉集》收錄的吉野君臣們的歌有一千四百首。這兩部歌集都傳達了在艱難的年代中的義烈精神和在苦難中也不丟失的風雅情操，傳唱千古。

現在從中選取幾首介紹。

首先是後醍醐天皇的歌。

ここにても　雲井の桜　咲きにけり
ただかりその　宿とおもふに
（在這吉野行宮裡，也會盛開「雲井櫻」[43]啊。朕只把這裡當作暫時的落腳之地而已。）

うづもるる　身をばなげかず　なべて世の
くもるぞつらき　けふの初雪
（朕的身體被這雪掩埋、淹沒，卻沒什麼好悲歎的。烏雲籠罩這世間，才讓人痛心，今朝的初雪啊。）

身にかへて　思ふとだにも　知らせばや
民の心の　をさめがたきを

43 「雲井」指宮中，「雲井櫻」指紫宸殿南面的「左近櫻」。——譯者注

（朕願以此身去換取一切。至少想讓萬民知道這心情，雖說民心難治。）

接下來是後村上天皇的歌。

高御座　とばりかかげて　橿原の
宮の昔も　しるき春かな
（挑起高御座[44]的帳子，舉行朝拜之儀。在這春日裡，神武天皇的橿原宮的昔日之景浮現在眼前。）

鳥の音に　おどろかされて　あかつきの
ねざめしづかに　世を思ふかな
（被雞鳴驚醒，在昏暗寂靜的黎明中，想起世間種種。）

仕ふべき　人や遺ると　山深み

松の戸ざしを　猶ぞ尋ぬる

（「是否還有人來侍奉朕？」帶著期待，還詢問那深山中緊閉的松門[45]。）

接下來是長慶天皇的歌。

治まらぬ　世の人ごとの　しげければ
桜かざして　暮らす日も無し

（這世間紛擾不斷，無法回到那往昔，悠閒地把櫻花插在頭上。）

あつめては　国の光と　なりやせむ
わが窓照らす　夜半の螢は

44 高御座（たかみくら），指天皇的玉座，設在太極殿，作為皇位的象徵常出現在和歌中。——譯者注

45 松のとざし（まつのとざし），用松木（まつ）做成的門。「松」（まつ）和「待つ」諧音，暗示天皇尋求埋沒在民間的人才。——譯者注

（把這深夜照亮我窗臺的螢火蟲收集起來，就會成為照亮日本國的光芒吧。）

接下來看一下臣子作的歌，首先是內大臣四條隆俊的。

君がため　わが執り来つる　梓弓
もとの都に　かへさざらめや
（為了聖上，我奮戰至今。難道已經無法奪回舊都了嗎？不，我一定會奪回。）

大納言光有作了下面這首。

思ひきや　三代に仕へし　吉野山
雲井の花に　猶馴れむとは
（可曾會想到，侍奉了三代[46]聖上，對這吉野山的雲井櫻日漸熟悉。）

下面是北畠親房的孫子，大納言守親的作品。

みちのくの　あだちのま弓　とりそめし
其の世に継がぬ　名をなげきつつ
（從開始在陸奥征戰以來，自己的名字沒能繼承吾家的名聲，實在令人歎息。）

下面是源頼武的歌。

引きそめし　心のままに　梓弓
おもひかへさで　年も経にけり
（自從心被打動的那一刻起，歲月流逝，我的心意從未改變過。）

這些都是通過《新葉集》流傳至今的歌。

46 指後醍醐天皇、後村上天皇、長慶天皇。——譯者注

◎吉野五十七年(四)

鎮守府大將軍

建武中興之時，才十六歲的北畠顯家被任命為陸奧守。朝廷表面上是封他為陸奧守，實際上就是要他去平定陸奧、出羽兩國。陸奧、出羽兩國相當於現在的東北六縣，範圍廣大，遠離中央，很少受到王化。北條氏剛滅亡的時候，那裡還是有很多問題的。顯家最初想要推辭，但後醍醐天皇說：「公家已經一統天下[47]，文武歸一。過去，皇子皇孫抑或掌政大臣的子孫多在戰鬥中擔任大將。從今往後，你們也要兼顧武道，成為守護皇室的諸侯。」天皇還親自在旗上題字，賜予顯家各種武器。於是顯家就恭恭敬敬地接受任命，跟隨義良親王，前往赴任地了。出發之際，天皇召他到跟前，宣讀敕語，還特地授予其衣物和馬匹。顯家的赴任地是多賀城，也就是現在的鹽釜附近。赴任後過了一年半，兩國的人們都折服於他的威德。於是建武元年（一三三四）年底，作為獎勵，顯家得封從二位。十七歲就位居從二位，實在讓人驚訝。次年，他又兼任鎮守府將軍，時年十八歲。那時顯家的字跡有一部分流傳了下來，其筆鋒雄渾，既有威嚴，也有美感，讓人感受到了他的人品。

建武二年（一三三五）秋，足利氏謀反，侵犯京都。顯家立刻率奧羽兩國之兵西上討伐。從多賀城到京都，按以前的里數算的話是兩百六十里。顯家率五萬大軍，用了二十天來到京都，和楠木、新田、名和諸將齊心協力，將高氏趕到了九州。天皇對此非常高興，將至今為止的鎮守府將軍之稱號多加一個「大」字，封其為鎮守府大將軍，將其升為權中納言，而且下詔書，賜常陸和下野兩國。按照現在的說法，顯家身兼東北六個縣再加上茨城、栃木兩個縣的八縣知事，同時身為軍隊的最高司令官。

後來，楠木、千種、名和諸將都紛紛戰死，官軍的形勢變得不利。這樣一

47 《神皇正統記》中用的是「公家一統」這個詞，指朝廷的單獨執政。——譯者注

來，在陸奧倒向賊軍的人也多了起來，顯家轉移到靈山裡險峻的城池，和他們對抗。但是天皇下了敕書讓他加緊上京，奪回京都。延元二年（一三三七）八月，顯家率兵出發，一路殺賊。次年五月，他從和泉國前往京都，卻不幸戰死，時年二十一歲。顯家在戰死的前一周寫了上奏文，該文流傳至今。這上奏文無論是觀點還是文筆，都令人讚歎。

北畠親房

延元三年（一三三八），官軍本來計畫，由北畠顯家從南面，由新田義貞從北面，夾擊京中的賊軍。然而顯家五月在和泉戰死，義貞閏七月在越前戰死，官軍不僅計畫破滅，還失去了兩名大將軍。但是朝廷不屈服於這次重挫，立刻策劃東山再起。朝廷再次將義良親王派往陸奧，任命顯家的弟弟顯信為輔佐，從三位，兼任中將、陸奧大介、鎮守將軍。以前，義良親王是陸奧太守，顯家在其手下擔任次官，稱為大介，現在顯信也繼承了這種形式。顯信一行先前往伊勢，去神宮進行奉告，九月從大湊坐船出發。然而船在海上遇到了暴風，有的船沉了，有的船被吹散了，只有宗良親王的船按照計畫到達了遠江，其他船都被吹到了計畫之外的別的地方。也就是說義良親王和顯信一起回到了原來的伊勢，而顯信的父親親房則到達了常陸的霞浦。義良親王在出發前已被定為皇太子，被風這樣折騰一番回到了吉野，真可以說是奇蹟。

同樣不可思議的是北條親房的命運。親房當時已經四十六歲了。之前，他輔導的世良親王駕崩，他悲歎不已便辭去大納言的官職，出家了。之後的八年，他一直沒有出現在政治的前臺。然而現在，自己的長子顯家戰死，次子顯信也不能到赴任地去，楠木、名和、新田這些中興時候的大將都幾乎戰死，賊軍得勢。見此，已出家而且年事已高的親房憤然而起，制訂奪回大權的計畫，負起指揮討伐賊軍的重任。

親房首先到達筑波山麓的小田城。在被賊軍包圍，英勇奮戰之時，他於次年收到消息說後醍醐天皇駕崩，義良親王即位。親房感慨萬千，提筆寫下了《神皇正統記》。這時是延元四年的秋天，次年，他又寫了《職原抄》。在這期間，賊將高師冬頻繁逼近小田城，城主小田治久最後也倒戈了。興國二年（一三四一）十一月，親房轉移到關之城，和大寶等其他城一起防衛賊軍。這期間他又重寫了《神皇正統記》。興國四年（一三四三）十一月，城池淪陷，親房只能回到伊勢，前往吉野，成為朝廷的中心人物，輔佐朝政。親房正平九年（一三五四）逝世，享年六十二歲。

在後村上天皇的時代，賊軍一時間氣焰囂張，火燒吉野的行宮。然而，朝廷也沒有屈服，拒絕了足利氏的誘惑，後來，接受了足利高氏的投降，將所謂的北朝廢除，奪回了京都，這些也暫且慰藉了天皇。這都是親房偉大計畫的表現吧。

《神皇正統記》

最具有重要意義的是《神皇正統記》。簡單來說，該書寫了日本的歷史。但是它並不是單純地羅列歷史事件，而是論述了日本這個國家是如何建設成的，這個國家的理想是什麼，本質是什麼，建國兩千年以來，國家的根基中流淌的精神是什麼。剛開始，親房將其作為給年幼而且在最嚴峻的形勢下即位的後村上天皇，以及侍奉在其身邊的人的參考。然而，對《神皇正統記》愛不釋手，把它當作心靈支柱的，不僅是吉野的朝臣們，而且就連守衛關和大寶的城池，與敵軍奮戰的官軍將士們，讀了它之後也感激不盡。親房知道後，就再進行了修改。也就是說，這本書不僅對吉野的君臣來說，而且對全國各地的官軍將士來說，都是心靈的支柱。而且，不止是在這五十七年的吉野時代，在之後的戰國時代，這本書也在全國被廣泛抄寫、閱讀，被當作珍寶。到後來的江戶時代，有優秀的學者通過這本書理解到了日本國的本質，引導出了明治維新。一本讀物能擔當起一個國家的命運，這是讓人驚訝的，德國的《費希特》等也是這樣的例子，但最典型的例子還是日本的《神皇正統記》。

《神皇正統記》是如此重要的讀物，下面摘錄一些片段。首先是後嵯峨天皇[48]

48 本書此處是「御嵯峨天皇」，但《神皇正統記》中相應出處是「後嵯峨天皇」，應為作者筆誤。——譯者注

的條目：

神明以安定萬民的生活為「本誓」[49]。天下萬民皆為神明所有。天皇是尊貴的，但只有天皇一人喜悅而讓萬民受苦，上天是不會准許的，神明也不會祝福。天皇是否行德政，決定了天皇的運勢是否順暢。更何況作為人臣，更應尊君愛民，頭頂天而屈背，懼地陷而輕行。就算仰望日月光輝，也要懼怕因心中有污點而無法接收光芒；就算看見甘霖雨露，也應反省自己是否因為行為不端而無法接收恩惠。朝夕可食長田、狹田[50]之稻，是皇恩。晝夜可飲生井、榮井[51]之水，是神德。若忘此大義，為所欲為，因私忘公，則世間將永無道理。

接下來是後醍醐天皇的條目：

既然生在天皇統治的王土，盡忠捨命乃是人臣之道，不可以此為自身的榮譽。而激勵後人，獎賞臣子的功績，乃是天皇執政之重。身為臣子，切不可爭賞。（……）近來有諺，自身哪怕只參戰一回，或是有家臣戰死，便道「請賜日本全國作為恩賜，半國尚不足矣」。雖事不至此，卻成亂世之端緒，可窺輕視朝威之心。常言道，「言行，君子之樞機」。切不可蔑視君主，驕橫待人。如先前所言，履霜堅冰至。所謂亂臣賊子，皆因起初不謹言慎行。世道衰弱，並非日月無光，草木色變。人心變惡，乃為末世。

《神皇正統記》記載了這樣重要的教誨，是非常珍貴的讀物。請大家一定去讀一下。

而《職原抄》，是有關日本官職制度的。這也是被廣泛閱讀、抄寫、講解、注釋的書籍。當時的武士，大抵都會誇大自己的官職，比如，來進攻楠木正行的賊軍中，高師直稱為武藏守，其弟弟師泰稱為越後守，另外，參加此戰的人，還

49 本誓，佛教用語，菩薩眾佛要濟度眾生的誓願，也指神明要造福於民的誓願。——譯者注

50 長田和狹田都是田地的美稱。——譯者注

51 生井，指清澈的井，有神靈的井。榮井，是對良井的美稱。——譯者注

稱為甲斐守、駿河守、左京大夫、刑部大輔、判官、左衛門尉等。連賊軍都如此，所謂武士，沒有人不誇大自己官職的，而且他們都不知道這些官職原本是什麼意思。於是，他們就去聽《職原抄》的講義，理解其意思，了解高低順序。這也產生了很大的影響，他們就會明白，所有的官職都是天皇授予的，就連將軍也是由天皇任免的。而且，國民中很多人都隨便自稱為左衛門、右衛門、右兵衛等，其實這些官職都是以保衛皇居為本職的。一旦意識到這一點，他們就會產生作為國民的自覺性。

◎室町時代

足利氏的本質

後醍醐天皇迫不得已轉移到吉野後，儘管代代天皇都期盼著回京，忠義的將士們也英勇奮戰，卻沒能平定賊亂，回到京都。後醍醐、後村上、長慶、後龜山這四代天皇，在吉野的山中度過了近五十七年。在這漫長的歲月間，全國各地戰亂不止，忠臣義士戰死無數，平民百姓過著非常艱苦的日子。後龜山天皇見此，憐憫天下，便回到京都，讓位給後小松天皇。這就是所謂的南北兩朝合一。時逢後龜山天皇的元中九年，後小松天皇的明德三年（一三九二）。

此時，足利氏正處於高氏之孫義滿的時代。義滿、義持、義量、義教、義勝、義政、義尚、義植、義澄、義輝、義榮、義昭，代代都任征夷大將軍。從足利氏在京都的室町開創幕府，到天正元年（一五七三）義昭被驅趕，幕府滅亡，其間一百八十二年被稱作室町時代。比起吉野時代的五十七年，室町時代是其三倍以上。但是室町時代只不過是時間上長而已，這漫長的時間實際上卻被荒廢掉了。吉野時代雖然是艱苦的時代、悲痛的時代，但這艱苦和悲痛，孕育了精神上的美麗光耀，日本國的道義就是在苦難之中發揮出來，最終喚起了後代的感激的。與之相反，在一百八十二年的室町時代，發自於私利私欲的紛爭不斷，人們既沒有理想，也忘卻了道義。

要理解室町時代是多麼無趣，就必須弄明白足利氏的本質是什麼。而最能清晰地展現出足利氏的本質的，是從正平三四年到七八年之間的動向。

足利高氏的弟弟直義，是個有謀略的人。高氏在政治形勢不利的時候，就讓直義代其管理政事。高氏的執事（家老）叫作高師直，這個人手腕不凡，人稱武藏守，其弟弟師泰人稱越後守，兄弟二人合作掌政。自然而然，直義和師直兄弟的關係日漸惡化，彼此憎恨。

剛開始時，高師直一族氣勢兇猛，不可一世，讓師冬做了關東管領的執事。

師冬進攻小田和關的城池，讓北畠親房吃盡苦頭。另外，傳說出雲、隱岐兩國守護鹽谷高貞有個美貌的妻子，師直就依仗權勢，想奪取高貞的妻子，滅了高貞。正平三年（一三四八），師直與楠木正行在四條畷開戰，正行戰死。趁著這個勢頭，師直進攻吉野，一把火燒了行宮。自從戰勝正行後，師直愈發驕橫，肆意妄為，令人髮指。他在京都侵佔了大塔宮母親的房子，建起豪華的宅邸，窮奢極欲；還讓人從伊勢、志摩、紀伊搬來巨石，製造泉水，搬來吉野的櫻花、尾上的松樹，足不出戶便可欣賞到名勝風景；在東山建造別墅的時候，還挖毀別人家的墓地。

對師直兄弟感到反感，想要除掉他們的是直義的執事上杉伊豆守重能和畠山大藏少輔直宗。他們兩人也不是什麼正人君子，只是羨慕師直兄弟得勢，想取而代之。

他們和一個叫妙吉的禪僧共謀，向直義進言說必須除掉師直兄弟。直義為準備此事，將哥哥高氏的兒子，也就是自己的養子直冬，任命為中國八個國的探題（總督），讓其到備後赴任。

師直兄弟探到風聲，便召集兵力，要討伐直義。直義手下只有七千騎兵，而敵軍有五萬，看到形勢危急，他便跑到哥哥高氏的住所去避難。師直兄弟包圍了住所，要求處分上杉和畠山。直義最終不得不妥協，將上杉和畠山流放到越前，並將其處死，自己則出家，改名為慧源，答應今後不干涉政權，時年正平四年十二月八日。師直攻擊直冬，直冬便逃往九州去了。鎌倉管領義詮被召往京都，代替直義，而義詮的弟弟基氏則代替哥哥前往鎌倉。

至此，可以說直義業已徹底戰敗。然而，形勢突然大變，逃到九州的直冬重整兵力，率九州的大軍攻上京都。高氏聞訊帶領師直、師泰兄弟去討伐。而留守在京都的直義入道卻向吉野的朝廷投降了。朝廷接受了直義，讚歎其「不忘元弘的舊功，回歸皇天之景命」，直義回覆如下：

拜領綸旨。必當照敕定，盡忠職守。恐恐謹言。

正平五年十二月十七日　　沙彌慧源

在北國，桃井直常率大軍呼應直義。留守京都的義栓坐立不安。南面有直義和官軍的聯軍，北面有桃井，這樣一來就會被夾擊喪命。正平六年（一三五一）正月，義栓逃向西國。

高氏和師直兄弟知道形勢大大不妙之後，決定向直義投降。高氏也就罷了，師直兄弟想到如果不出家並且道歉，怕是性命堪憂，便剃了頭，穿上僧衣，師直改名為入道道常，師泰改名為入道道勝，小心翼翼地寸步不離高氏。可當來到尼崎附近時，兩人還是被上杉、畠山的兵士捉走，最終被斬殺，時年正平六年（一三五一）二月。此戰可說是直義完勝了高師直。

不久，形勢又有變化。直義和哥哥高氏之間的關係無法調和，直義便離開京都前往鎌倉。高氏覺得必須討伐直義，但是又擔心京中空缺，於是他便向吉野的朝廷參降。一時間，天下統一了正平的年號，官軍也回到了京都。這時候，足利氏的侍所所司（長官）細川讚岐守賴春被楠木、和田的軍隊圍剿而亡。高氏來到鎌倉，殺害了直義。直義一除，高氏馬上又背叛了朝廷，自作主張地扶持後光嚴院，定年號為文和。

從上述四五年間發生的事情可以明確地知道足利氏到底是什麼樣的。高氏和直義是兄弟，卻相互殘殺；而高氏和直冬是父子，卻刀劍相向；直義對於師直、師泰兄弟來說是主人，他們卻相互爭鬥。直義因一時敗陣而出家，後又打敗師直兄弟，將他們殺害，參降於朝廷也只不過是一時之計。高氏也向朝廷參降，將至今奉為主君的光嚴、光明、崇光遣到賀名生。然而局勢一變，他又背叛朝廷，另外扶持後光嚴院。他們沒有道德，沒有信義，沒有節操，沒有感情，有的只是私利私欲。這些對歷史只能起破壞作用，對繼承和發展起不到一絲一毫的作用。

正因為如此，吉野時代雖然只有短暫的五十七年，但對日本歷史的貢獻極其巨大。吉野時代值得敘述的事情豐富無比，全因吉野君臣之忠烈，可與日月爭光。足利氏及其臣子對此只起了反作用。於是，吉野的忠烈精神默默消失了，足利氏權傾一世。這樣的室町時代，就算長達一百八十二年，是吉野時代的三倍以上，也無任何有價值的東西可以言說[52]。

戰亂頻起

說起室町時代，我們最常想到的是明德之亂、應永之亂、永享之亂、嘉吉之變，然後便是應仁大亂及隨之而來的百年戰國動亂。事實上明德之亂髮生在元中八年（即明德二年[53]，一三九一），嚴格來說還算吉野時代，但從其性質來看，歸為室町時代也不為過。此亂主謀是山名陸奧守氏清。山名氏是足利同族，當時山名一家的領地多達十一國，相當於日本六十六國的六分之一，據說世人皆稱其為「六分一殿」。氏清的父親時氏看到自己山名一家仗著權勢不可一世，便感慨：「我出身貧賤，長年馳騁沙場，才知今日之榮華富貴全靠主君足利將軍的恩

52 作者此處對足利氏及室町時代的評價有失客觀性。將背叛後醍醐天皇的足利高氏（足利尊氏）定義為亂臣賊子的這種觀點，是二戰以前日本國內的通說。但二戰後，這種觀點已逐漸被否認，高氏、直義兄弟的政權被定義為「二頭政治」，兩人的人物形象也得到了深刻、客觀的分析。室町時代也給後世留下了豐厚的文化遺產，例如「北山文化」和「東山文化」都是日本文化史上的璀璨之星。——譯者注

53 元中為南朝年號，明德為北朝年號。——譯者注

典，感激不盡。但兒孫們不知其中艱辛，不把主君的恩典放在眼裡，如此下去將來如何是好？」果如其言，到了其子氏清這一代，元中八年十二月，山名氏舉兵攻入京都，欲討伐足利義滿，但以失敗告終，氏清也喪命於激戰中。

接下來的應永之亂，是大內義弘應永六年（一三九九）的叛亂。大內義弘在過去的三十年中為足利氏盡忠盡職，在剛才提到的明德之亂中因討伐山名氏清有功，得賞和泉、紀伊兩國，於是成了六國的守護，以周防為立足點，勢力龐大。義弘因此自信膨脹，便串通關東管領足利滿兼，對足利義滿舉起叛旗，領兵至和泉的堺，在此築城備戰。足利義滿率大軍出征，最後把義弘剿滅了。

關東管領本是幕府的「辦事處」，首任為足利高氏的長子，然後為次子基氏和其子氏滿，再下來為氏滿之子滿兼。愈往後其獨立之心愈強，滿兼與大內氏一起，東西聯手欲反足利義滿，但因大內氏的失敗，謀反不得不中止。滿兼之子持氏在應永二十三年，因上杉禪秀之亂而一時逃離鎌倉。雖然最終此亂得以平定，持氏也回到鎌倉，但之後關東戰亂不斷，持氏與其執事上杉憲實反目，幾乎每年都有兵亂。永享十年（一四三八），將軍足利義教終於起兵討伐持氏。持氏逃入永安寺，次年二月自盡。其子春王丸和安王丸在結城氏的城池陷落時被生擒後送往京都，但在途中的美濃垂井被殺害了。一說當時哥哥（春王丸——譯者注）十三歲，弟弟（安王丸——譯者注）十二歲。這便是永享之亂。

關於永享之亂值得我們注意的一點是，關東的豪族們在此亂中，每家都分成兩派，反目成仇。結城一家、小山一家、宇都宮一家、岩松一家、佐竹一家，連今川一家也分裂成京都的足利義教派和鎌倉的足利持氏派，同族相爭。另外還值得注意的是，在春王和安王兩個少年被殺害後遭捕的永壽王（他們的弟弟）卻奇蹟般地活了下來，後來元服，改名為成氏。但此時在關東，大權已經被掌握在上杉氏手中。權力逐漸轉移到臣子手中，這點是室町時代的特徵。

足利持氏自殺於永享十一年（一四三九），春王和安王被殺於兩年後的嘉吉元年。在其間的永享十二年（一四四〇），將軍義教殺了一色義貫和土岐持賴。當時足利氏的家臣們日漸勢力強大，甚至連將軍的命令也不聽從了。義教對此憎恨無比，想藉著剿滅關東管領成氏之勢，提高將軍的威信。播磨的赤松滿祐將這一切看在眼裡，感到萬分不安：「今日遭殃的是一色和土岐，明日就該輪到我了吧。」嘉吉元年（一四四一）六月，赤松滿祐邀請義教到自己的府邸，出其不意將其殺害，這就是嘉吉之變。

群雄割據

室町幕府中，將軍下設有管領這一重職，相當於鎌倉幕府的執事。管領由斯波、細川、畠山三氏輪流任職，故稱三管領。然而到了應仁的時候，斯波氏和畠山氏（斯波氏的義敏和義廉，畠山氏的政長和義就）兩家各自都發生了家督之爭。讓形勢更糟糕的是，將軍家裡也起了內訌。將軍義政本無子嗣，就跟其弟義視說好將來讓位與他，但之後義政得子義尚，於是義視和義尚之間就產生了爭端，引發了內訌。他們兩人各自尋求有勢力的人做自己的靠山。當時的得勢者一是管領細川勝元，二是侍所的所司（長官）山名持豐。足利義視、斯波義敏和畠山政長歸於細川氏一方，足利義尚、斯波義廉和畠山義就歸於山名氏一方。於是應仁元年（一四六七），細川方即東軍十六萬和山名方即西軍十一萬在京都展開大戰，史稱應仁大亂。京都淪為戰場，而戰場無管制和紀律，其毒害之大令人恐懼。據說，宮殿、寺社、邸宅皆被燒成灰燼，廢墟裡被種上小麥，變成了一片綠油油的麥田。應仁三年（一四六九），年號改為文明。山名持豐（七十歲）和細川勝元（四十四歲）都在文明五年相繼病死。但是即便沒有了首領，戰爭也沒有停止，直到文明九年武將們各自領兵回到自己的領國。經歷了十一年之久的戰亂，京都終於恢復平靜，但是接下來戰場轉移到了地方。長達百年，群雄割據，混亂不堪的戰國時代拉開帷幕。《應仁記》記載了當時的情形：「弱肉強食，賤欺尊，臣弑君，子殺父。上下顛倒，如猿犬在咬叫。」更有甚者，足利將軍根本無意解決問題，平定戰亂。「天下若是破碎了就隨它吧，世間若是毀滅了就隨它吧」，只要自己一人能享盡榮華富貴就足矣，這便是將軍的態度，而且將軍開始徵收苛稅。

應該擔當起將軍重任的是足利義政，但其一生都在享樂中荒廢了。發生了如此巨大的戰亂，他毫無反省之意，還在東山建起了風雅的別墅（即現在的銀閣寺），在文明十五年（一四八三）之夏入住。為了籌集這筆費用，文明十四年（一四八二）義政向山城一國徵收苛稅，還在次年向明朝卑躬屈膝，訴說窘境，請求寄贈。如此態度實在令人蒙羞。

將軍如此昏庸，大權轉移到管領手上也不足為奇。但管領的權力又繼續落到其臣子手中。舉個例子：管領細川氏被其執事三好氏玩弄於股掌之中，而這三好氏手中的權力又被其重臣松永氏奪走，最後事態發展成了永祿八年（一五六五）松永久秀把將軍義輝給殺了。中央政局都已如此腐朽無力，地方演變成群雄割據的狀況也是必然。關東有北條，駿河有今川，越後有上杉，越前有朝倉，山陰道有尼子，山陽道先是大內後變毛利，四國有長曾我部，九州有大友和島津，東北有伊達。但這些梟雄們的地位都在足利氏之下，他們並無意願去考慮日本國的本質，為其中興做貢獻。

但在這戰亂不停的一百多年間，有一種東西，它毫無權力但我們不能忽視，那就是書籍讀物，比如《古今集》《源氏物語》《職原抄》。就算在那個戰亂年代，人們也熱情不減，對這些書籍讀物愛不釋手。公卿們在京都的邸宅在應仁大亂中被燒毀，也失去了經濟來源。但他們尋求各路人脈，移居到地方。正是這些公卿們把古典知識帶到地方，廣泛傳播，這樣的效果是人們難以預料的。

關白一條兼良（應仁元年時六十六歲）、內大臣三條西實隆（應仁元年時十三歲）等都是當時備受尊敬的學者，在古代經典的理解和傳授上做出了巨大的貢獻。他們都很長壽（兼良活到八十八歲，實隆活到八十三歲），且都勤於著書寫作。人們讀著這些古代經典，自然就能了解日本的國家性質、本質、制度及其精神。所以，即便在戰國亂世，這些古代經典都能被廣為傳閱，可知日本國的中興之日不遠矣。

國家圖書館出版品預行編目 (CIP) 資料

物語日本史 / 平泉澄著 ; 黃霄龍 , 劉晨 , 梁曉弈譯 . -- 初版 .
-- 新北市 : 遠足文化 , 2019.04-- (大河 ; 39-41)

ISBN 978-957-8630-98-7(上冊 : 平裝). --
ISBN 978-957-8630-99-4(中冊 : 平裝). --
ISBN 978-986-508-000-6(下冊 : 平裝). --
ISBN 978-986-508-001-3(全套 : 平裝)

1. 日本史

731.1 108003095

大河 40

物語日本史
——自源平合戰至室町幕府終結

作者——— 平泉澄
譯者——— 黃霄龍
編輯總監——— 陳蕙慧
總編輯——— 郭昕詠
編輯——— 徐昉驊、陳柔君
行銷總監——— 李逸文
資深行銷企劃主任——— 張元慧
封面設計——— 倪旻鋒
封面插畫——— 鄭景文
排版——— 簡單瑛設

社長——— 郭重興
發行人兼出版總監——— 曾大福
出版者——— 遠足文化事業股份有限公司
地址——— 231 新北市新店區民權路 108-2 號 9 樓
電話——— (02)2218-1417
傳真——— (02)2218-1142
電郵——— service@bookrep.com.tw
郵撥帳號——— 19504465
客服專線——— 0800-221-029
Facebook——— https://www.facebook.com/saikounippon/
網址——— http://www.bookrep.com.tw
法律顧問——— 華洋法律事務所 蘇文生律師
印製——— 呈靖彩藝有限公司

初版一刷 西元 2019 年 04 月
Printed in Taiwan